はじめに

旅は楽しい。ずっと、旅を続けてきた。

旅での乗り物は飛行機でも、船でも、鉄道でも、車でも、どれでもいい。しかし、歩いているときが、一番楽しい。子どものころから、歩くのは苦にならなかった。人の集まるところへは、どこへでも出かけていくのが好きだった。そして、海外での人びとの暮らしぶりや自然に興味を持っていた。

小学生のとき、放課後や休みの日に、小学校のそばにあった区立図書館に行き、海外の写真が載っている本を開いて、「こんなところに、こんな人たちが、こんな暮らしをしているのだ」と、食い入るように見ていたことを覚えている。写真をながめているだけで、気持ちがウキウキしてきた。自分の小遣いをためて最初に買った本は、世界の国ぐにを国別に写真と文で紹介したシリーズ本だった。

高校二年生のとき、ＮＨＫ教育テレビの「十代とともに」というトーク番組に出演した。そのときのテーマは、長男。番組終了後、ゲストの斎藤茂太（斎藤茂吉の長男）さんが、ぼくの声をほめてくださった。人前で話をするのがそれほど苦にならなくなったのも、このときの斎藤茂太さんのひとことの影響が大きい。それ以後も、いろいろ励まされ、のちに日本旅行作家協会に入会したのも、当時会長だった斎藤茂太さんの勧めによるものだ。

初めて海外に出かけたのは一九七五年、二五歳のときである。ハワイに寄って行先はカナダ。バンクーバーの安アパートでたった一人の自炊生活を経験した。その後、アイスランド、グリーンランドなどやヨーロッパ各地、アジア、ニュージーランド……と、旅を続けてきた。そのころは、ザックをしょって、寝袋をもっての、貧乏旅行ばかりであったが、楽しくてしょうがなかった。

今年、古希を迎えた。いままでに、国内各地、それに、海外のいろいろな国を訪ね、まち歩きを楽しんできた。これまでに訪れた国と地域は、九十カ所。海外への旅も二百回を超えた。ありがたいことである。旅は、出会い、発見、感動。旅に出ると、毎回、何かしら、「へー、そうなんだ」ということがある。それが、また、楽しい。まだ、旅の途中である。

ちばぎん総合研究所が発行する月刊誌『マネジメントスクエア』に執筆中の「旅の達人が見た　世界観光事情」のなかから、世界各地三五の旅の話が、この本になった。

写真も、すべて、ぼくが撮ったもの。この本を読み、「まち歩きの楽しさ」を感じていただければ、幸いである。

秋山秀一著

世界
観光事情

まち歩きの楽しみ

新典社

目次

はじめに …… 3
上海 ―― 中国 …… 9
厦門・コロンス島 ―― 中国 …… 15
福建土楼 ―― 中国 …… 21
貴州省 ―― 中国 …… 26
キャメロン・ハイランド ―― マレーシア …… 31
ヒヴァ ―― ウズベキスタン …… 36
サンクトペテルブルク ―― ロシア …… 42

カイロ ―― エジプト …… 48
モロッコ王国 …… 54
ビクトリアの滝 ―― ジンバブエ、ザンビア国境 …… 60
ケベック・シティ ―― カナダ …… 65
ナイアガラ・フォールズ ―― カナダ、アメリカ国境 …… 70
サンフランシスコ ―― アメリカ合衆国 …… 75
グランド・キャニオン ―― アメリカ合衆国 …… 80
ホノルル ―― ハワイ …… 85
メキシコ・シティ ―― メキシコ …… 91
ニューカレドニア …… 97
シドニー ―― オーストラリア …… 103
イスタンブール ―― トルコ …… 109
プロヴディフ ―― ブルガリア …… 114

トランシルヴァニア地方 ── ルーマニア …… 119
カプリ島 ── イタリア …… 125
ヴァレッタ ── マルタ共和国 …… 130
アルル ── フランス …… 135
モン・サン・ミッシェル ── フランス …… 140
オンフルール ── フランス …… 145
バルセロナ ── スペイン …… 151
サンティアゴ・デ・コンポステーラ ── スペイン …… 156
アルハンブラ宮殿 ── スペイン …… 161
ポルト ── ポルトガル …… 167
ストラトフォード・アポン・エイボン ── イギリス …… 173
コッツウォルズ地方 ── イギリス …… 179
ハイデルベルク ── ドイツ …… 184

ローテンブルク ── ドイツ …… 189
キヒヌ島 ── エストニア …… 195
あとがき …… 201

上海 ―― 中国

変化の速さに驚かされる、エネルギッシュな街

ライトアップされた浦東新区の夜景。左手に東方明球塔

行かないでいると、気になる

上海に行くと、そのたびに、街角の風景が変化していく速さに驚かされる。

二〇年ほど前、上海一の繁華街・南京路を歩いているときに普通の喫茶店を見つけ、「やっと上海にもできたのかと思った」と、今の若い人に思い出を話しても、だれも信じてくれない。現在この街には高級ブランド店をはじめ、さまざまな洗練された店がごく普通に見られるから、若い人にはそれが当たり前の風景なのだ。

以前はそうでもなかった。例えばコーヒーの値段にしても、中国のほかの飲み物に比べて何倍も高く、店は商談の際によく利用されていたのか、企業名の入った名刺が壁を覆いつくさんばかりに貼られていたものだ。

上海の街の風景がデザインされたマンホールのふた。左写真のものは「1936年」、右写真のものは「1990年」のようすが描かれている

長江《ちょうこう》の河口から支流の黄浦《こうほ》江を一時間ほど遡った所に位置する上海は、言うまでもなく中国の経済・貿易の中心都市だ。この中国一の大都会は外国資本の中国進出の拠点でもあり、日本企業も一万社近く進出している。

上海蟹などの料理を堪能した後、黄浦江の観光遊覧船に乗り、ライトアップされた欧風建築のビル群を眺める。黄浦江に面して建つ海鷗《はいおう》飯店《はんてん》に泊まり、客室の窓から、一晩中、川を行き交う船を眺め、写真を撮ったこともある。

あるときはリニアモーターカーに乗り、上海のシンボル、東方明珠《めいじゅ》塔に昇り、江南様式の名園・豫園《よえん》を見てから、その界隈での買い物も楽しんだ。上海博物館、万博会場、租界時代に造られた住宅を改装してショッピングモールやレストランになった新名所の新天地に行き、旧市街の路地歩きも楽しみ、周辺の水郷地帯も訪れた。

行くたびに新しい高層ビルが建ち、ホテルがきれいになり、新しい店が現れる。エネルギッシュな街、上海。何年か行かないでいると、何となく気になる。そんな上海を、二〇一七年の一二月中旬、数年ぶりに訪れ、まち歩きを楽しんだ。

石や水を巧みに配した明代の名園、豫園

新天地。租界時代に造られた建物がオシャレなスポットに

上海を実感させる外灘

人民公園から、南京路を東の方向へ歩いていき、このにぎやかな通りを抜けた所、中山東一路との角に、演奏者の平均年齢が七〇歳を超える老年ジャズバンドで有名な和平飯店がある。上海の中心部を流れる黄浦江の左岸のこの辺り一帯には、二〇世紀初頭に造られた石造りの欧風建築がズラッと並んでいる。和平飯店もそんな建物の一つだ。

黄浦江と蘇州《そしゅう》河との合流地点に架かる鉄骨製の外白渡橋《がいはくときょう》から中山東二路までが、外灘《わいたん》。通称バンドと呼ばれ、旧共同租界だったエリアだ。アヘン戦争後の一八四二年に締結された南京条約によって上海は外国に解放されることになり、イギリス人がまずこの地区に居を構え、二〇世紀になると、アメリカ、ロシア、ドイツなどが進出するようになった。欧米列国の共同租界となったこの地区は、治外法権の、中国人にとってはまさに自国内にある外国だった。

ライトアップされた外灘の欧風ビル群

現在では、その当時建てられた欧風建築が、銀行、保険会社、商社、ホテルなどになり、人気のある観光スポットになっている。ライトアップされたこの地区の夜の風景は、上海市民にとっても人気の場所となっている。

「上海に来た」ということをもっとも強く感じる場所だ。それも、夜、川に沿って、遊歩道を歩いているときである。

中国三大博物館の一つ、上海博物館

街の新・旧を楽しむ

黄浦江には、さまざまな貨物船が行き交う。黄浦江は上海市内の中心部を流れて長江に注ぎ込む。この川の存在があったからこそ、現在の上海の繁栄があるともいえる。

黄浦江の対岸は、浦東新区。球を串刺しにしたような、ユニークな姿の東方明珠塔、地上八八階建て、高さ四二〇m余りの金茂《きんも》大厦《たいか》など、高層建造物が黄浦江に浮かんでいるように建っている。

海鷗飯店のそばから遊覧船に乗ると、右手に外灘の夜景を眺めながら、黄浦江を長江方面へとゆっくり進んでいく。楊浦《ようほ》大橋をくぐって向きを変え、今度は建物群を左手に眺めながら進む。

人民英雄記念塔のある黄浦公園から外白渡橋に至る風景、それに橋からの眺め、これがまたいい。この風景を丸ごとそのまま部屋の中から楽しめてしまう、そんな贅沢なホテルが海鷗飯店で、九九年の夏と二〇〇〇年の秋に宿泊した。ホテルは高さより、ロケーションが大事なのである。

故宮《こきゅう》博物院、南京博物院と並び中国三大博物館に数えられる上海博物館は、館内で入手した日本語パンフレットによれば「一九五二年に開館した中国古代芸術博物館である」とある。建物は下の部分が方形で、上の方が円形になっている。このデザインは「天は円《まる》く、地は方《しかく》」という、古代中国の宇宙観を表わしたものだ。パンフレットに「本館の所蔵品は一二万点にのぼり、とりわけ青銅器、陶磁器、書画のコレクションは世界的に有名である」ともあるように、中国文化について知ろうとする人にとって、この博物館の充実している常設展示は見逃せない。充分な時間をとってじっくり見る価値のあるところだ。

新しさばかりではない、古い歴史。さすが中国と思わせる街、それが上海だ。

厦門・コロンス島 —— 中国

諸外国との関係が深い「洋上の楽園」

萩荘花園内にあるピアノ博物館のテラスからの眺め

コロンス島とは

「福建省に行ってきた」とメールに書いたら、「お金持ちの福建省ですね」と、アジアを専門とする某旅行会社の元社長・H氏からの返信に書いてあった。

中国福建省は、台湾海峡を挟んで、台湾と向かい合った位置にある。その福建省の南部、厦門《アモイ》は、明《みん》の時代から中国有数の茶葉の輸出港として栄えた、九龍江《きゅうりゅうこう》の河口の港町だ。台湾との交易の玄関であり、海外在住の華僑が祖国中国に出入りするときの玄関口でもある。

厦門は一九八〇年に経済特区に指定され、八四年にコロンス島（鼓浪嶼）を含む厦門全島が経済特区になった。華僑資本を中心とした外資の進出が盛んで、日本企業も多い。厦門と成田は直行便で結ばれており、全日空の厦門支店もある。華僑の故郷として、東南アジア諸国との交流も盛んで、シンガポール、タイ、フィリピンが厦門に領事館を置いている。

観光業も盛んだ。厦門最大の観光スポットが、幅七〇〇mの鷺江《ろこう》を隔てて厦門島の南西に浮かぶ、面積一・八㎢の島、コロンス島である。コロンス島は、温暖な気候に、一年中花が咲く、風光明媚な「海上の楽園」とも讃えられる島で、早くから外国にも知られた中国有数のリゾート地だ。

「音楽の島」としても、知られている。

以前、現地の観光行政に携わる人から「コロンス島の家庭の七〇％はピアノを持っています。コロンス島出身でピアニストとして活躍している人もいます」との説明を聞いたことがある。島内にはピアノの博物館もある。

アヘン戦争後の南京条約（一八四二年）により、厦門が開港。その後一九〇二年には、コロンス島に外国共同租界が置かれ、イギリスの他、アメリカ、ドイツ、フランス、オランダ、スペイン、ポルトガルなどの国々が領事館や教会、病院などを建設。日本も、領事館を設置した。コロンス島には、今も租界時代に建てられた元領事館だった洋館が残っている。

そんなコロンス島の現状を見るために、二〇一七年の六月下旬、十数年ぶりに、コロンス島を訪れた。

変貌著しいコロンス島への船旅

成田空港から直行便で厦門高崎国際空港に着き、翌日、コロンス島へ渡ろうとして、前回との違いに驚いた。

厦門とコロンス島を結ぶフェリー

以前は、コロンス島へのフェリーは五分おきに運行していて、島へ行くときは、次に出る船にそのまま乗り、切符は必要なかった。帰りは有料で、料金は一階が三元、二階が四元。一階は地元の中国人で混雑していて、乗客は吊り輪につかまり立ったまま。上のフロアは椅子席で、空席もあった。ぼくは、デッキから厦門の港、街、コロンス島の風景を眺めたり、写真を撮るために、二階席に乗った。

その、フェリーの乗り場が、まず変わっていた。前に利用した埠頭が厦門市民専用埠頭になり、二〇一四年一〇月から、厦門市民以外の観光客がコロンス島へ渡るには、新しくできた東渡《とうと》埠頭を利用することになったのだ。しかも、外国人観光客は、パスポートの提示が求められ、乗ると決まったフェリーの乗船券に、乗船する本人の名前とともに、パスポート番号も表示されるようになった。料金は、往復で三五元である。

観光客用の店も、デザインは洋館風だ

コロンス島へ向かうフェリー内は、変わらず混雑していた。乗っているのは、ほとんどが国内各地からやってきた中国人の観光客だ。

厦門の港、観光客用のフェリー乗り場、厦門とコロンス島を結ぶフェリー……。そんな風景を、デッキに出てカメラに収めた。フェリー乗り場の周辺には、真新しい高層ビルが立ち並んでいる。厦門の中心地・厦門島と中国本土とを結ぶ橋も見える。

売店にコロンス島の地図が売っていたので、購入する。五元。コロンス島の全景や、島の最高峰、標高九二m余りの日光岩を眺めているうちに、フェリーは洋館が点在する船着場へ向かう。一〇分弱の船旅は、快適だった。

洋館が建ち並ぶ観光島

コロンス島内には、自動車は走っていない。観光客向けの電動カーに乗って海岸に沿った道をゆっくりと進み、狭い路地に入っていく。スペイン人がつくったサッカー場が、今、人民体育場になっている。旧日本領事館もある。

共同租界時代につくられた教会で、記念写真を撮るカップルがいる。観光客向けの店も洋館風だ。「音楽の島」らしく、ト音記号の柵がある。穏やかな内湾、その海岸に沿った並木道。キャ

人民体育場になった、スペイン人が造ったサッカー場

旧日本領事館

ンディ売りや、天秤棒を担いで観光客に果物を売り歩く人の姿に懐かしさを感じる。

前回は日光岩に登ったが、今回は島の周りをぐるりと巡って、台湾の富豪がつくった菽荘花《しゅくしょうか》園《えん》を訪れ、園内にあるピアノ博物館を見学し、テラスに出て、美しい海岸風景や行き交う大型のコンテナ船を眺め、ゆっくりとした時を過ごした。

島に点在する租界時代の洋館が、この島の美しい自然環境とともに、重要な観光資源になっている。二〇一七年、この島は、ユネスコの世界文化遺産に登録された。今後、ますます人気の観光スポットになるものと思われる。

福建土楼 —— 中国

客家が築いた世界文化遺産の土楼群

土楼の中には、土産物屋も並ぶ

快適になったアクセス

「私は客家《はっか》です。家では、母と客家語でしゃべっています。一八五〇年代に香港にやってきて、私で五代目です」

二〇〇〇年の九月、香港・サイクン半島の自然を取材する旅をした際、同行した香港政府観光局のティム・コーさんがそう言った。

「客家の人は、『私は客家だ』ということを自慢げに話しますね」と言った人がいた。実際、鄧小平やシンガポールのリー・クアンユーなど客家出身の著名人の名前を引き合いに出して、客家出身であることを自慢する人に会ったこともある。

もともとは開封や洛陽といった中原地方の漢民族の出身であったといわれている客家の人びと。現在でも、そんな客家の人たちが集団で、まるで砦のような囲屋《いや》の「土楼」に暮らしている所がある。

観光客歓迎のアーチ

土楼内側の、路地のような通路

サイクン半島の旅の一カ月後、二〇〇〇年一〇月。土楼を、取材の旅で初めて訪ねた。訪れたのは、中国・福建省の南西部、広東省との省境に近い永定だった。その時は、厦門から永定まで、四時間余りかかった。マイクロバスに乗り、厦門から国道を西へ向かうと、道の両側には一面のバナナ畑が広がり、バナナを荷台にいっぱい積んだ自転車が頻繁に走っていた。「米は二期作、バナナは年四回採れる」とのことで、収穫間近のバナナには青いビニール袋が被せられていた。さらに行くと段々畑があちこちに見え、石灰岩を山積みしたトラックが往来し、途中にはセメント工場があった。マイクロバスは、山間の細い道を縫うように走っていき、右に左に揺れ、かなりしんどかったことを覚えている。

今、この地域の変貌ぶりには大きなものがある。二〇〇八年に、福建省にある土楼のうち四六棟が「福建土楼」としてユネスコの世界文化遺産に登録され、道路事情も格段に良くなった。

ぼくは二〇一八年の九月初め、一八年ぶりに、永定の土楼を訪れた。大型バスは途中まで、片側三車線の高速道路を進む。一般道も、すっかり整備されていた。厦門から永定までの所要時間は、約三時間。一時間以上も短縮された。

道中、「福建土楼」と書かれた道路標識を何度も目にし、「観光客歓迎」のアーチがあり、大きなパネルも道路沿いに立っていた。トンネルの入り口にも、世界文化遺産の福建土楼についての大きな写真や絵がある。道路沿いに、円形や方形の土楼が現れ始めると、車内に興奮の声が広がった。大型バスの移動は快適だった。

展望台から眺める、承啓楼と周辺の土楼群

暮らしの場が観光地に

まずは、円楼の形をしているインフォメーションセンターの向かいのレストランで、客家料理を堪能。その後、一九八六年に切手のデザインにも採用された最大の土楼で円楼王とも称される承啓楼を訪ねた。

承啓楼の前に立ち、粘土を突き固めて築いた城壁のような壁を見上げる。砦と住居を兼ねた円形の囲屋の直径は七三m。土楼の南に位置する唯一の出入り口、大門から中に入ると、正面中央に祖堂。祖堂の回りを平屋が二重に囲み、さらにその外側を四階建ての建物が円形に取り囲んでいる。

初めてこの土楼を訪れたとき、承啓楼の代表の江さんに案内していただいた。「現在五四家族、三四八人が暮らしている」、「どの土楼も

承啓楼の入り口は、ここ一つだけ

土楼は生活の場。台所で炊事をする女性

部屋の数は、風水によって決められ、すべて偶数になっている。『八』が縁起が良い」、「私は一六代目に当たる。今までここに住んだ人は延べ三万八〇〇〇人。中央の役人になった者もいる」など、興味深い、さまざまな話を伺った。

また、「この土楼は、冬は暖かくて、夏は涼しい」、「一九一八年の地震で、土楼に割れ目ができたが、数十年経つうちにその割れ目が自然に直ってしまった」とのことで、土地の気候に適う、災害にも強い、ということができる。

一階を歩くと、家畜小屋に丸々と太ったブタがいた。ニワトリは放し飼いだった。東西に二つの井戸があり、台所には炊事をする女性の姿があった。普通の暮らしを見ることができ、観光客の姿はなかった。二階は穀物を貯蔵する倉庫で、三階と四階が住まいとなっている。人の話し声や笛の音を耳にし、洗濯物や薪など、人々の暮らしのようすを感じながら歩いた。今は、見て回れるのは一階だけ。二階から上には昇れない。聞こえてくるのは、団体客を案内するガイドの大きな声だ。

独特な景観

土産物を売る小さな店が並んでいる。土楼の形の置物、それに、絵葉書サイズの写真集を購入。値段は共に一〇元。今、ここは、中国人にとっての人気の観光地で、後から後から大勢の人がやってくる。撮影ポイントでは女性の写真師がカメラを持って待ち構えていた。こちらも一枚一〇元。今回の土楼の旅は、まるでテーマパークを見ているようだった。

外に出ると、バナナを売る女性が声をかけてくる。お茶を売る店先には、鉄観音、大紅袍などとともに、土楼紅美人という名のお茶も並んでいる。

隣に、世澤楼という四角い形の方楼がある。その横の道を、裏山の上の展望台まで石段の道を歩いて上った。承啓楼をはじめとする土楼群を望む。周囲には段々畑、水田、森。上から見ると、改めて土楼の大きさがよく分かる。この独特な景観を、存分に楽しんだ。

貴州省 —— 中国

アジア有数の自然景観を堪能する

万峰林の田園風景

茅台酒のふるさとへ

茅台酒《マオタイ》、カルスト地形（石灰岩が侵食されてできた地形）、内陸の農村部、アジア最大の滝……。中国の内陸西南部に位置し、雲貴《うんき》高原東北部の標高一〇〇〇ｍほどの所にある貴州《きしゅう》省についてのぼくの認識は、こんなものだった。

二〇一六年の九月下旬、貴州省南部の興義《こうぎ》市で観光に関する二つの国際会議（「第二回国際山地観光大会」、「第一回中日韓旅行業大会」）が開催された。それに出席するため、広州《こうしゅう》経由で中国・貴州省の省都・貴陽《きよう》市へ飛び、会議の開かれる興義までは高速道路を走った。

今回の旅では、会議に出席するだけでなく、会議の前後で、貴州省北部・遵義《じゅんぎ》市にある世界文化遺産の海龍屯土司城《かいりゅうとんどしじょう》、中部・安順《あんじゅん》市の黄果樹瀑布《こうかじゅばくふ》、南部・興義市の馬嶺河《まれいかわ》峡谷、万峰林《まんほうりん》など、魅力ある自

2015年に世界文化遺産に登録された海龍屯土司城

海龍屯土司城の山道を足早に行くミャオ族の女性

然景観を中心に貴州省の代表的な観光地を訪れた。

貴陽市で一泊後、翌日は茅台鎮《ちん》へ移動し、茅台酒を飲みながらの昼食。茅台酒は、田中角栄元首相が訪中した際に宴席で出されたことで話題になった酒で、アルコール度数の高い白酒《パイチュウ》（穀物を原料とする蒸留酒）の一つだ。この酒は中国にとっての特別な酒・国酒であり、日本円にして一本一万円以上もする。

現地ガイドによれば、「本物の茅台酒は、飲んだ後、その空き瓶にほかの酒を入れることができないように、瓶の口が特殊なつくりになっている」とのことだ。

食後、茅台酒に関する資料館を見学した。そこに、さまざまな記念ボトルと並んで、大阪万博や沖縄海洋博のときの記念ボトルも陳列されていた。庭には、チャップリンほか、ここを訪れた著名人の石像が立っている。

海龍屯土司城と黄果樹瀑布

二〇一五年七月に世界文化遺産に登録された海龍屯土司城は、遵義市街から一五kmほど離れた、少数民族のミャオ族が多く住む山の上にある。

正面から見た黄果樹瀑布

黄果樹瀑布裏側の道を行く

遺跡内の山道を、若い女性の係員の案内に従って歩く。一三世紀に建てられた石造りの門、城壁などを見て、古道の石段も休み休み、ゆっくり歩いて上った。だが、ここに暮らす人は違う。大きな荷物の入った籠を背負って、ミャオ族の女性たちは足早に下って行くのだ。

次は貴陽市から南西に約一四〇km。ここ安順・黄果樹風景区の目玉が、アジア最大の滝・黄果樹瀑布である。幅一〇一m、高さ七七m。滝の裏側にも道があり、そこから飛瀑の迫力を間近に見ることができる。観光客の人気の的だ。

入場料は一八〇元（一元=約一五円）。まずは、盆栽園の中を歩く。桜やイチョウの盆栽もあるそこを抜けて、滝へと通じる石段を下りていく。木々の間から滝の姿が見える所で、カメラを向けてシャッターを切る。

正面に滝の全景を望む所へ来ると、水しぶきを浴びるようになる。ここでは傘は役に立たない。大勢の人が歩き回っているので、邪魔になるのだ。カメラが滝のしぶきに当たらないように、ビニール製のブルゾンのチャックを開け、タイミングを見計らってさっとカメラを出してシャッターを押し、すぐにブルゾンの中へ仕舞い込む。

中国人の団体観光客に圧倒されながら、滝の裏側へ入っていく。見上げると、流れ落ちてくる滝の水を見ることができる。ここでは誰もが、記念写真を撮る。奥行一五mほどの鍾乳洞もある。狭いながらもライトアップされていた。

桃源郷のような山村風景

馬嶺河渓谷は興義市街の東、三kmほどの所に位置している。

国立公園（国立風景名勝区）の入り口を入ると、両側に馬嶺河渓谷の見どころの写真が展示してあるトンネル内を歩く。そこを抜けてから、川に沿って一・七km、滝を目指して歩いていく。

展望台からは、川の左岸、落差二〇〇mほどの滝が三本、落ちているのが見える。その豪快な眺めを堪能した。引き返す途中で渡る馬嶺河渓谷に架かる吊り橋からの滝の風景も、必見である。

女性の乳房のような山体の双乳峰《そうにゅう》の奇観、万峰湖遊覧で見た山々の連なりの素晴らしさ。どれも、カルスト地形特有の印象深い風景である。

カートに乗って、途中下車しながら眺めた万峰林の山々。下に広がる、美しい田園風景。円形

双乳峰の奇観

に形づくられた田圃《たんぼ》。白い農家。この桃源郷のような風景が、強く心に刻まれた。

中国は広い。そして、道路、鉄道、ホテル事情など、変化の速度が速い。

今まで、中国の各地を何度も訪れているが、そのたびに街の風景が変わっていることに驚くことが多い。内陸の農村部——。そんな貴州省についてのイメージも、現地に行き、道路事情、ホテル事情などを実際にこの目で見て、大きく変わった。

中国高速鉄道の開通により、貴州省の省都・貴陽と、中国西南エリアの主要都市・昆明《こんめい》や成都《せいと》とは二時間で結ばれるなど、交通インフラ整備も急ピッチで進んでいる。今回の旅を通じて、魅力ある大自然、少数民族の伝統文化といった貴州省の観光に関するポテンシャルの大きさを強く感じた。今後、日本人にとっての観光デスティネーションとしても、大いに注目されるものと思われる。

茶畑の中に入って記念写真を撮る観光客

キャメロン・ハイランド ―― マレーシア

マレーシア有数の高原リゾート

BOH Tea の里を訪ねて

マレーシアの首都クアラルンプールのホテルで飲む紅茶の包み紙には、誰もが知っているリプトンやトワイニングではなく、「BOH Tea」と書いてある。これが、旨いのだ。この紅茶は、ほかでもない、マレーシアの高原地帯キャメロン・ハイランドで栽培され、つくられたものなのである。では、と、その紅茶の産地キャメロン・ハイランドを初めて訪れたのは、二十数年前のことだった。その後どうなっているのか――。気になって、二〇一七年の五月、キャメロン・ハイランドに行くことにした。

マレーシアのような赤道に近い低緯度に位置する国は、どこも一年中暑い、と考えている人がいる。ところが、必ずしもそういうわけでもない。これだけ低緯度にあっても、キャメロン・ハイランドでは朝晩は気温も下がり、ホテルでは暖炉に火がたかれているのだ。

キャメロン・ハイランドの地名は、英国統治時代の国土調査官ウィリアム・キャメロンによって一八八五年に開発が始まったことから、その名がついた。英国統治時代の町並みが残り、かつては錫《すず》で栄えたマレーシア第二の都市イポーからジャングル内の曲がりくねった山道を二時間余り進むと、海抜一五〇〇mを超える高原地帯、キャメロン・ハイランドに着く。

途中、野菜を積んだトラックと何度もすれちがう。キャメロン・ハイランドは高原野菜を中心とする、マレーシア随一の野菜の生産地ともなっている。トラックに積まれた野菜は、山道を下って、クアラルンプールやシンガポールに運ばれていく。

野菜を栽培しているのは、おもに中国系の人びと。山地の斜面を利用した段々畑や、谷の部分が農耕地になっている。緑と水のある、広々としたこういう風景を眺めていると、なぜかホッとする。

観光農園が盛ん

さらに上っていくと、今度は山の斜面一帯に茶畑が広がっている。ここがマレーシアの良質な紅茶、**BOH Tea** の生産地だ。

初めて茶畑を歩き、お茶の木を見たとき、茎も根も太いことにまず驚いた。茶畑の中を歩きながら、農作業をしている人の話を聞くと、ここで働く人は皆インド系だという。しかも、彼らはこの畑の中で暮らしている。畑の中に村があり、村の中心にはヒンドゥー寺院が建ち、小学校もある。マレーシアはマレー系、中国系、インド系の多民族国家といわれるが、ここはまさにインド・ワールドそのものだ。

今、ここには、茶畑に入って記念写真を撮る観光客の姿がある。茶畑を眺めながら、紅茶を飲み、さまざまな土産物を買うことのできる観光客用の店もある。

お茶畑のほか、ローズ・センター、バタフライ・ガーデン、ラベンダー・ガーデン、それにストロベリー・ファームや野菜市場なども、キャメロン・ハイランドのお勧めスポットだ。熱帯植物園の中を蝶がヒラヒラと舞うバタフライ・ガーデンでは、蝶の標本も売られている。以前、ここで、宝石蝶というきれいな蝶を一つ買った。ラベンダー・ガーデンには、北海道から持ってきたラベンダーもある。

年々盛んになっているイチゴ狩りも、大人気だ。クアラルンプールやシンガポールから、若

テーマパークのような外観のラベンダー・ガーデン入口

ラベンダー・ガーデンには北海道から取り寄せたラベンダーもあった

マーケットのようす。野菜や日用品、土産物などがそろう

地元の市場に並ぶ当地産のイチゴ

いカップルや家族連れのほか、バスに乗った団体客もやってくる。記念写真を撮って、料金を払い、食べるもよし、土産に持ち帰るもよし、である。

　イチゴ畑や花畑全体をビニールの屋根が覆っている。日本のように温室というわけではない。壁はなく、ビニールの屋根だけだ。これは、激しく降る雨でイチゴや花、土壌が流されるのを防ぐためのもの。今回の旅でも、バタバタと音をたてて雨が激しく降るスコールを体験した。

　イチゴ入りのヨーグルトも食べてみた。もぎたての新鮮なイチゴは、固くしまって、しっかりしている。日本のイチゴに比べると、あまり甘くはないが、すっきりとした味わいで旨かった。料金は八リンギットである（約二〇〇円）。

「マレーシアの軽井沢」

常夏の国に、暖炉のある高原リゾート。というわけで、クアラルンプールやシンガポールなどから、涼を求める人びとが家族そろってキャメロン・ハイランドへ避暑にやってくる。日系企業で働く日本人も同様だ。いわば、「マレーシアの軽井沢」といったところで、観光客だけでなく、周辺の定住者にも注目されている避暑地なのである。

このキャメロン・ハイランドを舞台に、松本清張が小説を書いている。一九六七年三月二六日、休暇でキャメロン・ハイランドを訪れていた「タイのシルク王」として有名なアメリカ人実業家ジム・トンプソンが、ジャングルに散歩に出かけたまま姿を消してしまい、行方不明になった。この謎の失踪事件に着想を得て書いた『熱い絹』である。関連する〝殺人事件〟が起きる場所として軽井沢も描かれる。

今回の宿は、リゾートマンションも併設する、日本人の長期滞在者にも人気のヘリテージ・ホテル。キャメロン・ハイランドは、近年、コンドミニアムの建設も盛んだ。年金生活者を中心として、日本人の長期滞在者にも人気の場所となっている。

キャメロン・ハイランドの高原リゾートホテル

ヒヴァ ―― ウズベキスタン

シルクロードのオアシスに築かれた王朝の痕跡

旧市街で一番高いイスラーム・ホジャ・ミナレットの上からの眺め

旧市街全域が世界文化遺産

シルクロード、カラクム砂漠、アムダリア川、オアシス……。このなんとも魅力的な旅情を誘うのが中央アジアだ。その象徴的な街の一つ、ウズベキスタンのヒヴァを、二〇一九年の三月末に訪れた。

成田空港からウズベキスタン航空の直行便に乗ってタシケント空港へ。今、この国へ入る日本人は観光目的で三〇日以内の滞在なら、ビザが免除される。入国する際に必要なのはパスポートだけだ。

首都タシケントからさらに西方約一〇〇〇㎞。ヒヴァはカラクム砂漠への出入り口に位置し、シルクロードを旅する人々のオアシスとして、また、ヒヴァ・ハン国の都として栄えた。二重の城壁で囲まれており、内側の長さ二二五〇mの城壁には東西南北四つの門がある。カラクム砂漠への玄関口だった南門の下で南に向かって立つと、もう一つ、城壁があるのがわかる。

内側の城壁に囲まれた内域、旧市街のイチャン・カラには、ムハンマド・アミン・ハン・メドレセをはじめとする二〇のメドレセ（高等教育施設）やモスク、ミナレット（イスラム教の宗教施設等に付随する塔）など多くの歴史的建造物が残されており、一九九〇年、「ヒヴァのイチャン・カラ」としてユネスコの世界文化遺産に登録された。

今回ぼくが泊まったのは、観光客にとってのイチャン・カラへの出入り口である西門の外側すぐ目の前にあるホテル、マリカ・ヒヴァ。その前からは、城壁に囲まれたイチャン・カラがよく見える。

イチャン・カラの朝

朝六時半、西門を縁取るように点いていた明かりが消える。その左の方に点いていた「ウズベキスタン」の国名を表す電灯も一緒に消えた。細くなった月が出ている。朝の散歩の始まりだ。

西門からイチャン・カラに入り、青の彩色タイルで覆われた未完成のミナレット、カルタ・ミナルの脇を通って路地へ。レンガの周りに泥を塗っただけの土壁の家が並び、舗装されていない道には水たまりがある。以前、夏に来たときには日中の気温が五〇度にもなり、強烈な日差しに苦労したが、今回の旅ではめったに雨の降らないヒヴァで雨に遭うという体験をした。

人影はほとんどなく、目に入ったのは箒《ほうき》を動かす女性の姿だけだ。北門のそばから階段を使っ

西門からイチャン・カラに入ると、正面に、カルタ・ミナルが現れ、別世界が広がる

ムハンマド・アミン・ハン・メドレセの中庭

伝統料理、シュヴィット・オシュ。香料を練りこんだ麺の上に具をのせて食べる

伝統的刺繍のスザニを着た女性

て城壁に上る。六時五〇分、太陽が顔を出す。イチャン・カラの、観光客のいない静かな朝。ほかの街では感じたことのない不思議な気分だ。

ホテルに戻って朝食をとった後、再びイチャン・カラへ。西門を入ってすぐ右手に、タイルで描かれたイチャン・カラの位置図。そのすぐ先に、中央アジアで最大級の規模の神学校だったムハンマド・アミン・ハン・メドレセ。今は、ホテルになっている。二階の客室や中庭を見学して外に出ると右手に、朝にその脇を通ったばかりのカルタ・ミナルがある。

ティータイムは、チャイハナ（ウズベキスタン風の喫茶店）でチャイとナッツ、それに中央アジア風のうどん、ラグマン。香料を練りこんだ麺の上に具をのせて食べる伝統料理、シュヴィット・オシュも楽しむ。かまどで焼くナンにはさまざまな模様がつけられている。土産物屋でナンに模様をつける道具が並んでいるのを見つけ、一つ購入する。

王朝時代の史跡の数々

やや傾いたミナレットのあるジュマ・モスクは、彫刻の施された二一三本の木の柱に支えられた多柱式の建築物だ。柱の彫刻は一本一本違い、なかには一〇世紀のものもあるという。

一七世紀に建てられた「古い宮殿」という意味のクフナ・アルクの見どころは、クリヌッシュ・ハンのアイヴァン（イスラム建築特有のテラス）。二本の高い柱のあるテラスで、壁面は七宝タイルで覆われ、天井はカラフルな模様で飾られている。中庭の丸い土台は、来客の際にユルタ（移動式住居・円形のテント）を建てるためのもの。

西日を受けて輝くイスラーム・ホジャ・ミナレット

この宮殿の西の端にあるアクシェイフ・ババの見晴らし台からの展望は必見だ。特に夕暮れどきがお勧めである。西日を受けて輝くミナレットやドーム、城壁の連なりが、なんとも美しい。

ヒヴァで一番高いミナレット、イスラーム・ホジャ・ミナレットに上った。一万五〇〇〇スム（約二〇〇円）を払って中に入り、狭くて段差の大きい左回りのらせん階段を上っていく。薄暗く、懐中電灯が必要だ。上り切れば苦労の甲斐がある。見晴らしの良さに感激だ。

タシュ・ハウリ宮殿では、儀式が行われたというアイヴァンのカラフルな天井装飾を見た。この地にイスラム教が入ってくる前の原始的なゾロアスター教の文様も見られる。タシュ・ハウリ宮殿を取り囲む道のうち、南側の道はヒヴァで一番古い歴史のある道だ。馬車の轍《わだち》が残されている。

イチャン・カラを歩いていると、若者たちが笑顔で寄ってくる。スマホで、一緒のところを写真に撮らせてくれというのだ。そのたびに笑顔で応えるが、「アンニョンハセヨ」と言われることが多かった。ウズベキスタン航空の機内誌に載っていたのだが、二〇一八年のこの国への入込客数は、日本人が約一万七〇〇〇人。韓国はそれよりも一万人も多かった。

サンクトペテルブルク —— ロシア

芸術に彩られた水の都

グリボエードフ運河沿いの、土産物を売る露店が並ぶ道を散策する観光客

大芸術家たちが眠る街

ロシアの首都モスクワの北西、約六五〇㎞。フィンランド湾に注ぐネヴァ川河口に位置するサンクトペテルブルクは、「北のベネチア」とも称される水の都だ。一八世紀初頭から二〇世紀初頭まで旧ロシアの首都だった街で、旧ソ連時代はレニングラードと呼ばれていた。

モスクワの「レニングラード駅」とサンクトペテルブルク最大の駅「モスクワ駅」とは、高速鉄道「サプサン」により約四時間で結ばれている。二〇一九年の六月下旬、ぼくはロシアの大地を走るこの快適な鉄道の旅と、サンクトペテルブルクのまち歩きを楽しんだ。一年中でもっとも昼間の時間が長く、午後一〇時半ぐらいまで明るい時期なので、写真を撮るにはありがたいのだ。

エルミタージュ美術館や市内随一の目抜き通りネフスキー大通りな

ど観光客に人気の場所は、ネヴァ川の左岸、南側にある。

ネフスキー大通りは、旧海軍省から東へ四km半、アレクサンドル・ネフスキー大修道院まで延びている。途中、モイカ川、グリボエードフ運河、フォンタンカ川に架かる橋を渡る。どの橋の上からも、観光客を乗せた観光遊覧船が頻繁に通り過ぎていくのが見える。さらにその先、右手にモスクワ駅を見てしばらく行くと、アレクサンドル・ネフスキー橋のたもとに着く。ここのメトロ駅前の広場から、アレクサンドル・ネフスキー大修道院へ向かう途中、道の両側に墓地がある。すでに時間は午後九時を過ぎているが、まだ明るい。右側のチフヴィン墓地の扉が開いていた。

モスクワ駅。ここから高速鉄道「サプサン」に乗って、モスクワのレニングラード駅へ向かう

アレクサンドル・ネフスキー大修道院。敷地内をマノスティルカ川が流れている

「チャイコフスキー？」と聞くと、年配の男性係員が親切に応対してくれた。二〇〇ルーブル（約三四〇円）を払って、著名人の墓の位置が書かれた案内図をいただく。静かな墓地を右へ歩いていくと、すぐ左に、サ

チャイコフスキーの墓

ンクトペテルブルクを舞台とする小説『罪と罰』を著したドストエフスキーの墓がある。その先に、交響組曲『シェヘラザード』を作曲したリムスキー・コルサコフ、それに組曲『展覧会の絵』のムソルグスキー、歌劇『イーゴリ公』のボロディン。少し離れた所に、交響曲『悲愴』や三大バレエ音楽『白鳥の湖』『眠れる森の美女』『くるみ割り人形』のチャイコフスキーが眠る墓がある。

帰りは、地下鉄三号線に乗った。五路線ある地下鉄は便利で、観光客にもわかりやすい。料金も均一だ（四五ルーブル）。専用コインのジェトンを窓口で購入し、それを自動改札機に投入する。地下深いホームへ向かうエスカレーターが速い。駅名はロシア語の下に英語でも書かれている。

大黒屋光太夫がエカテリーナ二世に謁見

前回ぼくがこの街を訪れたのは、二〇〇一年の夏のことだった。そのとき、世界中の観光客が必ず訪れる観光名所、ピョートル大帝の騎馬像「青銅の騎士」が立つ広場はデカブリスト広場と呼ばれていた。それが、二〇〇八年以降、元老院広場と呼ばれるようになった。

青銅の騎士の花崗《かこう》岩の台座には、「エカテリーナ二世からピョートル大帝へ」と、ロシア語とラテン語で書かれている。その女帝エカテリーナ二世の銅像は、ネフスキー大通りの南側、アレクサンドリンスキー劇場の前の広場に立っている。江戸時代の一八世紀末期にロシア領に漂着した大黒屋光太夫《だいこくや》は、サンクトペテルブルクまでの困難な旅を経てエカテリーナ二世に謁見し、漂流してから約一〇年後に帰国した。光太夫の特異な生涯は、井上靖（『おろしや国酔夢譚』）や吉村昭（『大黒屋光太夫』）が小説にしている。

エカテリーナ二世像から、ネフスキー大通りを挟んで向かい側の右手の建物が、一九〇三年建築のアールヌーボー様式のエリセーエフスキー。上の階には劇場があり、一階は高級食料品店として営業している。ネフスキー大通りには、歴史的なさまざまな建物が点在しており、これらを見て歩くのもこの街の観光の魅力のひとつだ。

世界的美術館、エルミタージュ

モイカ川そばの通りを北側へ入り、アーチを抜けると、宮殿広場に出る。通路を抜けて右側、半円形の形状の旧参謀本部の建物に、二〇一四年、エルミタージュ美術館新館が開館した。モネ、マネ、ゴッホ、ルノアールなど日本人に人気の印象派・ポスト印象派の絵は、ここに展示されている。

宮殿広場の中央に、アレクサンドルの円柱。向かいの壮麗な元宮殿だったバロック様式の建物が、エルミタージュ美術館である。館内で販売されている図録、その表紙の写真に写っている大使の階段（ヨルダン階段）を歩き、宮殿のさまざまな広間を見学。ダ・ヴィンチの『リッタの聖

エルミタージュ美術館

エルミタージュ美術館内にある大使の階段

ネヴァ川を行く観光遊覧船。対岸に見えるのは、ペトロパブロフスク聖堂

母』、ラファエロの『コネスタビレの聖母』、レンブラントの『ダナエ』『放蕩息子の帰還』のほか、ゴヤ、ムリーリョなどの作品を、久しぶりに、じっくりと鑑賞した。

売店で絵葉書が売っている。値段が書いていないので尋ねると、一枚一〇ルーブルとのこと。四〇枚購入する。

一九九〇年、「サンクトペテルブルクの歴史地区と関連建造物群」として、世界文化遺産に登録された。歴史地区はネヴァ川左岸の中心部と、ペトロパブロフスク聖堂のある対岸のペトロパブロフスク要塞、それに、宮殿橋を渡った先にあるヴァシリエフスキー島の三地区が中核を成す。

その宮殿橋を渡る。対岸から、改めてエルミタージュ美術館の壮麗な全体像に見入った。

カイロ ―― エジプト

古代エジプトの歴史と文化を訪ねる

スフィンクスを見るためにやってきた大勢の観光客

ナイル川流域に開かれた街

ナイル川の全長は、約六七〇〇km。世界最長の川である。アフリカ大陸東部のヴィクトリア湖を源流とする白ナイルとエチオピア高原からの青ナイルが合流して、砂漠地帯を北へ流れ、地中海に注ぐ。エジプトの首都カイロで見るナイル川は、世界最長の川という割には静かで、水量もさほど多く感じられない。一九七一年に上流のアスワン・ハイ・ダムが完成し、水量が調節されるようになったためだ。

ナイル川はダムができるまで、現在のように静かな川ではなく、しばしば氾濫することもあった。しかし、そのことで同時に肥沃な土壌を周辺の大地に供給していた。そんな河畔の湿地にパピルスは群生していた。パピルスの復元や真贋の鑑定を行うパピルス研究所がナイル川左岸の河畔にあるが、その入口には一八八七年九月に発生した大洪水の記録が残されている。

カイロの旧市街はナイル川の右岸に形成されている。ツタンカーメン王の黄金のマスクをはじめ初期王朝時代からギリシャ・ローマ時代まで、さまざまな古代エジプトの文化遺産が収蔵されたエジプト考古学博物館もナイル川右岸にある。博物館の入口そばに、神殿の浮き彫りなどに刻まれているヒエログリフ（神聖文字）解読に成功した言語学者シャンポリオンの胸像が展示されている。

トルコ、イスタンブールの歴史的建造物アヤソフィアを模した外観と高さ八二mのミナレット（尖塔）のあるモハメッド・アリ・モスクも右岸にある。観光客に人気のカイロ最大の市場、ハーン・ハリーリ・バザールもナイル川右岸にある。貴金属、工芸品、スパイスやツタンカーメンやクレオパトラなどが描かれたパピルスなどを売る店がひしめく入り組んだ通りを歩き、工芸品と、ヒエログリフが描かれたパピルスを何点も買った。

ミナレットが印象的なモハメッド・アリ・モスク

エジプトは、イスラム教の国。ということは、偶像はダメなはず。でも、クレオパトラやネフェルティティが描かれた工芸品やパピルスが人気の土産物になっている。

水パイプを吸う人

元気いっぱいの子どもたち

ワインもある。「どんな味？　美味しい？」と、何人かの現地のガイドに聞いてみた。すると、誰もが調子よく「おいしいです」。「飲んだことがあるんですか」と重ねて尋ねると、「飲んだことはない」と、ケロリと言った。

フレンドリーな人々

旧市街を歩くと、人々の暮らしの様子を見ることができる。肉、果物、豆類、衣類……。街のバザールではあらゆる日用品を買うことができる。人々との出会いも楽しい。

二人の男が交互に水パイプを吸っていた。ちょっと視線が合っただけで、「こっちに来い。ここに座って、これを吸え」というような仕草をする。にこりと笑って、「来い、来い」と手招きする。やや躊躇するが、言われるままにそばに寄り、二人の間に腰を下ろす。すぐに水パイプの吸い口が差し出される。そのとき、右手の手のひらで、吸い口をさっと拭ってくれた。ちょっとしたことだが、気持ちが良い。それではと、軽く一度吸ってみる。ほとんど味がしない。「どんな味？　どうだ、旨いか？」といった表情が二人の顔に浮かぶ。そこで、もう一度、今度はかなり強く、深く、吸い込んだ。むせてせき込みが止まらない……。

一人で街を歩いていると、子どもたちがついてくる。クリクリッとした目。どの子も表情が明るく、笑顔がいい。「アロー」と言うと、「アロー」と、笑顔で返事が返ってくる。何人もの子どもたちと握手をした。人懐っこい視線。この底抜けな明るさは、ロンドンやパリにいるアラビア人には見られないものだ。

変わらぬ人気のピラミッド

カイロの年間降水量は、二五㎜。東京の約六〇分の一だ。湿潤な日本の街に比べ、街全体が乾いている。その乾いた砂漠の地、ナイル川左岸のギザに、有名な三大ピラミッドが建っている。チケット売り場はこの三大ピラミッドの北側にあり、そこからすぐ手前に見えるピラミッドが、クフ王のピラミッド。その先に、カフラー王のピラミッド、そしてメンカウラー王のピラミッドと続く。

クフ王のピラミッドは本来の高さは一四六ｍだったが、頂上の部分がなくなり、現在の高さは一三七ｍ。頂上の中央に立つ鉄の棒は、本来の高さの位置を示している。このピラミッド、それ

クフ王のピラミッドに登る観光客。一つひとの石の大きさ、ピラミッドの巨大さを実感する

ハーン・ハリーリ・バザールのようす

に、スフィンクスを見るために、世界中から観光客がやってくる。ぼくは、久しぶりに、二〇一七年の二月下旬にエジプトを訪れ、ギザのこの地を歩き、ピラミッドの中にも入った。

「五年間まったく仕事がなかった。やっと、観光客が戻ってきた」と現地ガイドが言った。政変があり、政情不安から観光客が激減した。この国にとって、観光は経済の大きな柱だ。打撃は大きかった。

現在は観光客がやってくるようにはなったが、一歩、カイロから周辺へ移動しようとすると、橋のたもとや、おもな道路の途中に、弾丸除けが設けられた検問所がある。そこにいるのは、軍服を着た兵士ではなく、私服に防弾チョッキを身に着けて銃を持つ男たちだ。道路にも、以前はなかった段差がつけられており、車はここでスピードを落とさなくてはならない。緊張状態が完全になくなったというわけではないのである。「観光は平和へのパスポート」ということを改めて思う旅だった。

モロッコ王国

アフリカ北西部に、色とりどりの街を訪ねる

夜、ジャマ・エル・フナ広場へ向かう馬車（マラケシュ）

経済の中心は映画の舞台、カサブランカ

モロッコは、アフリカ大陸の北西端に位置する、国王を元首とする立憲君主制国家。日本の約一・二倍の面積に、人口は約三四〇〇万人。一九一二年にフランスの保護領になり、一九五六年に独立した。

北側は地中海に面し、ジブラルタル海峡を挟んでスペインと向き合い、西側は大西洋に面している。

この国の政治の中心地は首都ラバトだが、経済の中心地は、ハンフリー・ボガート主演の映画『カサブランカ』の舞台にもなったカサブランカである。

初めてモロッコを旅したときは、ロンドンから空路、大西洋に面したカサブランカに入り、マラケシュ、ラバトを回って、最後はカサブランカからスイスのジュネーブへ飛んだ。

二〇一六年一二月のモロッコへの旅では、ドバイ（UAE）から空路、カサブランカに入り、マラケシュ、フェズ、シャウエンを旅し、フェリーに乗ってジブラルタル海峡を渡り、スペインへ向かった。

以前カサブランカで、市庁舎の塔の上から街の風景を眺めた際、市庁舎前広場の周りの建物がどれも白い建物ばかりであるのを見て、「カサブランカ」がフランス語で白い建物を意味する、ということを改めて認識した。

そのとき、アメリカ資本のホテルの一階にカサブランカという名前のバーを見つけ、その名前につられて店に入ってビックリ。男性従業員が皆、帽子にコート姿。映画『カサブランカ』の中のハンフリー・ボガートそっくりの格好をしていたのだ。

もっともモロッコらしいマラケシュ

カサブランカが〝白い街〟であるのに対して、赤土色のレンガでできた民家が連なるマラケシュは〝赤い街〟として有名だ。もっともモロッコらしいといわれるこの街の中心は、ジャマ・エル・フナ広場だ。この広場で、まずは、搾りたてのオレンジジュースを飲む。旨い。一杯四ディルハム。日本円にして約五〇円だ。見回すと、蛇使い、水売り、音楽占いといった芸人、商売人はもちろん、路上の歯医者までいる。

ここは、夜になると、まるで違った世界となる。観光客には、屋台などのにぎわいが大人気だ。

モロッコの伝統料理、クスクス

ホテルから、三〇分以上も馬車に揺られて、広場へ。お祭り気分を肌で感じる。活気あふれるこの広場の景観は、二〇〇一年、「ジェマ・エル・フナ広場の文化空間」として、ユネスコの無形文化遺産に登録された。

広場のそばに建つ、クトゥビーヤ・モスクのミナレット（尖塔）は街のどこからでも見える。マラケシュでは、このミナレットより高い建物は建てられないのだ。スーク（市場）を歩き、旧市街の南側に残る、一二世紀半ばに造られたアグノー門を見て、クスクスやチキンの煮込み料理「チキン・タジン」などのモロッコ料理を味わう。

迷路の街、フェズ

フェズは、一六世紀頃から革製品製造の中心地だった街で、それが現在まで続いている。旧市街に「タンネリ」と呼ばれる一角がある。そこでは、なめし革職人たちが、昔からずっと同じ手法で作業を行っているのだ。

その様子を、革製品を売る店の屋上から見学することができる。ブージュルード門とともに、これもフェズ観光の目玉の一つだ。

世界一迷いやすい、といわれるフェズの迷路のような街路を、現地案内人について歩く。とあ

フェズのブージュルード門

迷路のような路地の奥にフェズの人びとの暮らしがある

る店の中に入ると、ミントの葉がわたされる。これを鼻の穴の中に突っ込むのだ。強烈な革の臭いを消すためである。

革製品のぎっしり詰まった店の狭い階段を最上階まで歩いて上り、展望台に立つと、眼下にタンネリの全景を眺めることになる。

フェズは、モロッコ最古のイスラム都市だ。旧市街には現在も、中世イスラム都市の姿が残されており、迷路の中にさまざまな店があり、人々の暮らしがある。ニワトリは生きたまま売られている。皿、壺、ランプなどの金属製品がところ狭しと並んでいる店先で、金属製品を打ち出している男もいる。

なめし革の作業場（フェズ）

すべてが〝青い街〟シャウエン

もう一つ、色で有名な街がある。〝青い街〟シャウエンである。山の中腹に広がる街の全体像を展望してから、街の中へ入っていこう。

建物も、水場も、すべて青い色だ。子どもたちが元気に遊ぶ青い色の路地の向こうに、ミナレットが見える。家々の扉、路地の階段も青い色に塗られている。今までこんな街を歩いたことがない。青い建物に囲まれた広場には、記念写真を撮る大勢の観光客。Tシャツや革製のスリッパが手頃な土産物として人気で、どこに行っても店先に並んでいる。

郵便ポストはフランスと同じように黄色で四角。これだけは、青というわけにはいかない。フランスの植民地だったことを思い起こす。

「フェズの旧市街」は、一九八一年に世界文化遺産に登録され、四年後の一九八五年には「マラケシュの旧市街」も世界文化遺産に登録された。

二〇一六年一一月には、マラケシュで、地球温暖化対策の新たな国際ルール「パリ協定」で定めた目標の具体化を目指す国連の第二二回気候変動枠組条約締約国会議（COP22）が開催されたことも記憶に新しい。

シャウエンの路地を行く観光客

モロッコは、ヨーロッパにとって、重要な隣国なのだ。

ヘリコプターより、ビクトリアの滝を下流側から眺める

ビクトリアの滝 ―― ジンバブエ、ザンビア国境　とどろく瀑布、太陽をも隠す水煙

初めて目にする感激の瞬間

ビクトリアの滝は、アフリカ南部のジンバブエとザンビアとの国境を流れる、アフリカで四番目に長い、ザンベジ川の中流に位置している。水量の多いときの幅は約一七〇〇m、最大落差は約一一〇mの滝である。

北米のナイアガラの滝、南米のイグアスの滝とともに世界三大瀑布として数えられるこの滝は、一八五五年、スコットランドの探検家リビングストンによって当時のイギリス女王（ビクトリア女王）の名をとって、ビクトリアの滝と名付けられた。

現地の言葉では〈雷鳴のとどろく水煙〉という意味の「モシ・オ・トゥニヤ」と呼ばれている。そのため、一九八九年に世界自然遺産に登録されることになったとき、その登録名は「モシ・オ・トゥニヤ／

ビクトリアの滝」として、二つの言葉が併記された。

ぼくが訪れたのは、二〇一八年の五月の末。雨季が終わったとはいえ、まだまだ水量の多い時期だった。

ヨハネスブルグを飛び立って約一時間半、南アフリカ航空機が高度を下げていき、ザンビアのリビングストン空港に向かっていくと、大地の割れ目から水しぶきの塊、水煙が湧き上がっているのが見えてきた。

ぼくにとって、初めて目にするビクトリアの滝。感激の瞬間だった。

大量の水が轟音とともに流れ落ちていく

滝の下流に広がるデビルズ峡谷も見える。ビクトリアの滝の下流に連なるジグザグ状のこの深い峡谷は、かつての滝の痕跡である。ザンベジ川の浸食作用により、滝が少しずつ上流に向かって後退していった様子がよくわかる。
その後、ビクトリアの滝の真上を通過して、空港へと着陸態勢に入っていった。
空港での入国審査。ここで、ザンビアとジンバブエとを行ったり来たりできるKAZAビザを、五〇米ドル支払って、取得する。

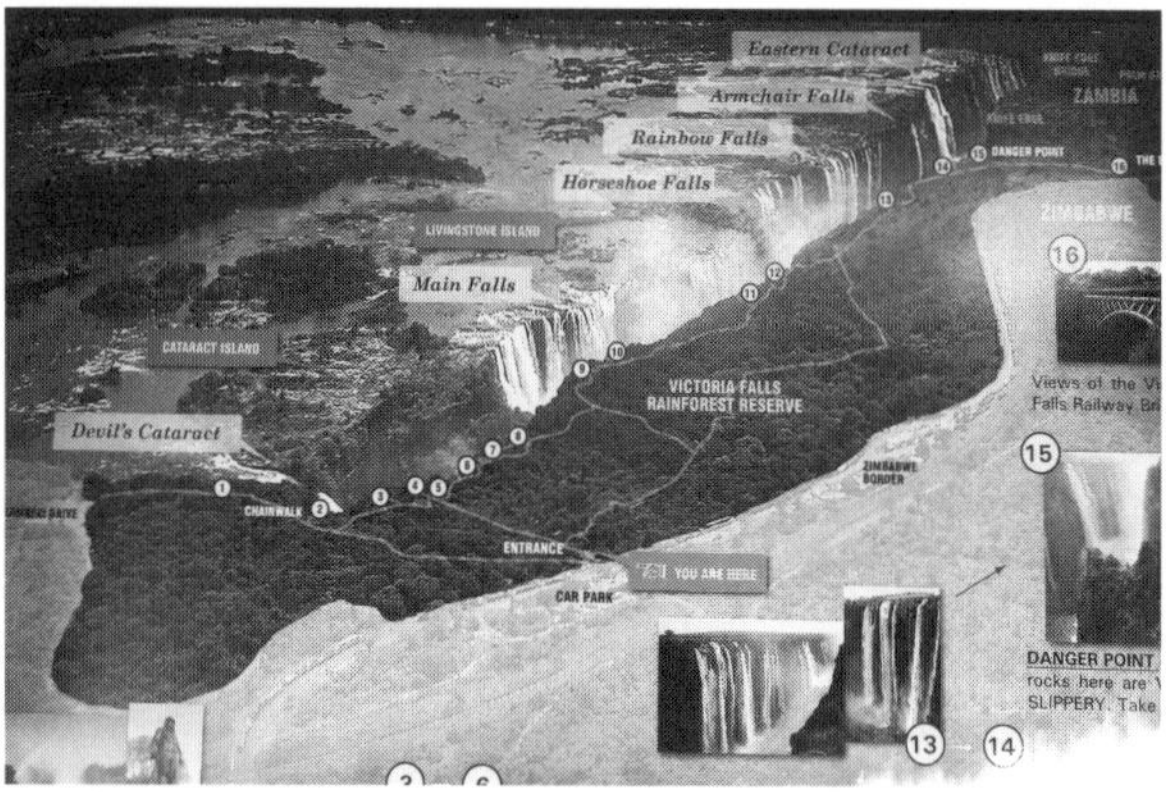

滝鑑賞ルートの入口を入ったところに詳細な説明パネルが設置されている

二〇㎞先からも見える

リビングストン空港から陸路、国境を通過して、ビクトリアの滝観光の中心地、マーケットやホテルのあるジンバブエのビクトリア・フォールズの町へ向かう。途中、国境の川・ザンベジ川に架かるビクトリア・フォールズ大橋を渡る。橋の上で、水しぶきを浴びながら、ビクトリアの滝を正面から望む。

五〇〇mの高さに舞い上がる水煙が、二〇㎞離れていても見えるといわれるビクトリアの滝。その水煙の量は、「年間三二万㎜の降水量に匹敵する」のだという。これは、多雨で有名な屋久島の年間降水量よりもはるかに多い。

そのため、この地域が熱帯サバンナ地帯であるにもかかわらず、ビクトリアの滝の周辺にはレインフォレストが形成され、シダ植物など湿気を好む植物が生い茂っている。

今回の旅の最大の目的は、そのレインフォレストの中を、びっしょりになって歩きながら、ビクトリアの滝を眺めることだ。

ビクトリアの滝への入口、国立公園事務所の案内石碑に、現地の呼称、モシ・オ・トゥニヤと書いてある。滝に通じる道への入口を入ったところにこの滝の成因などが記された説明パネルがあり、遵守事項なども書いてある。

持参したカメラは三つ。そのうち一つは防水カメラだ。合羽《かっぱ》を着て、傘を持ち、ときに激しい水しぶきを浴びることを覚悟して、ジンバブエのレインフォレストの中の道、滝鑑賞ルートを歩き始めた。

レインフォレストの中の滝鑑賞ルート

舞い上がった水しぶきが雨のように降り注ぐ

遊覧飛行に、また感動

ビクトリアの滝は、西から順に、デビルズ・カタラクト、メイン・フォールズ、アームチェア・フォールズ、ホースシュー・フォールズ、レインボー・フォールズ、イースタン・カタラクトという六つの滝に分かれている。

まずは、左（西）へ歩いて行く。林の間から、滝。水が大量に流れ落ち、虹がかかっている。一番西の滝に着く。デビルズ・

「ホースシュー・フォールズ95m」の案内標識はあるが、水しぶきの中で、滝は見えない

カタラクトを正面から望む。ここには滝の方を向いたリビングストンの銅像が立っている。この辺りまでは、余裕をもって、滝鑑賞ルートを歩く。だが、ここから東の方へ歩き始め、メイン・フォールズが左手の方に見えるところの辺りから、状況は変わってくる。

合羽も傘も、ないよりはましといったところ。この時期のビクトリアの滝は、現地のその名が示す通り、轟音と水しぶきが激しく舞い上がる滝だった。びっしょりになって、世界中からやってきた観光客が歩いていく。「ホースシュー・フォールズ九五m」と書かれた案内標識があるが、水しぶきのおかげで滝は見えない。太陽が隠れるほど、大量の水しぶきが舞い上がっている。

滝鑑賞ルートを堪能した後は、空へ。ヘリコプターの遊覧飛行だ。乗る前に、案内パネルを指し示しながらの飛行ルートの説明がある。乗客定員は五人。体重を計測してから、指定された席に座る。

上空からのビクトリアの滝の眺めに、改めて、感動。真上から、上流側から、下流側から、さまざまな角度から滝の様子が見えるように、ヘリコプターが飛んでくれる。ビクトリア・フォールズ大橋や、宿泊したホテルも確認できた。

この抜群の眺め。必見である。

ケベック・シティ ── カナダ

北米唯一の城郭都市

フェアモント・ル・シャトー・フロントナックと市内観光バス

フランス人が入植

カナダ東部ケベック州の州都、ケベック・シティ。人口は、商都モントリオールに次いで、この州で二番目に多い、約五〇万人。

カナダの公用語は英語とフランス語で、カナダ一〇州のうち八州が英語、一州が両語を公用語と認めるなか、ケベック州では一九七七年にフランス語優先政策の「フランス語憲章」が発布され、唯一フランス語のみを公用語と定めている。

大西洋に注ぐセント・ローレンス川辺りのこの地に、一六〇八年、探検家で地理学者のフランス人サミュエル・ド・シャンプランが降り立ったことから、この街の歴史は始まる。

現在でもフランス文化が色濃く残るケベック・シティは、北米唯一の城郭都市であり、一九八五年、「ケベック旧市街の歴史地区」

として、ユネスコの世界文化遺産に登録された。

二〇一八年の一〇月中旬、ぼくはカエデに彩られたメープル街道を行き、カナダの古都ケベック・シティを訪れ、魅力ある旧市街を中心に、まち歩きを楽しんだ。

ケベック・シティ発祥の地、ロウワー・タウン

ケベック・シティの観光の見どころは、旧市街のロウワー・タウン、旧市街のアッパー・タウン、それに、新市街に分かれる。

ロウワー・タウンの中心地、ロワイヤル広場は、先述のシャンプランが砦を築き、フランス人の居住地を拓いた場所で、ここがケベック・シティ発祥の地だ。広場の周辺には、裕福な元商人たちの石造りの邸宅だった建物が、土産物屋などとなって残っている。南の一角に建っている教会が、北米最古の石造りの教会、勝利のノートルダム教会。この教会の祭壇は城を模したデザインで、天井からは一六六四年、フランス軍の指揮官マルキ・ド・トレーシーが乗船してきた木造船プレゼ号の模型が吊るされている。

ロワイヤル広場。ここに1608年、フランス人探検家サミュエル・ド・シャンプランが砦を築き、フラン人居住地を拓いた

広場から、ノートルダム通りを北へ歩いていくと、旧港に通じている。途中、道に面した遺跡の手前、左手の建物の北側の壁全面に壁画が描かれている建物を発見。一番上に雪景色のケベック、

その下に紅葉した街の風景など、街のようすや歴史が描かれている。シャンプランの姿もある。

旧市街のロウワー・タウンの中心、プチ・シャンプラン地区には、石造りのカフェやさまざまな店が並び、観光客で賑わっている。

プチ・シャンプラン通りに面して、ケーブルカー（フニキュレール）乗り場がある。この駅舎は、一六八三年建造の歴史的な建物で、アッパー・タウンのテラス・デュフランとを結んでいる。乗り場の北側にある〈骨折り階段〉と名付けられた階段を上って左折。土産物屋などが並ぶ店のある坂道を歩き、階段を上っていくと、フニキュレールのアッパー・タウン側の駅に出る。

勝利のノートルダム教会の内部。天井からブレゼ号の模型が吊り下げられている

ロウワー・タウンの中心、プチ・シャンプラン地区のようす

アッパー・タウンからの展望を楽しむ

フランスの古城のような建物は、フェアモント・ル・シャトー・フロントナック。セント・ローレンス川を見下ろす高台に建つ、この街の象徴ともいえるホテルだ。

この建物に隣接して整備されている、セント・ローレンス川を見晴らす展望のよい木製の遊歩道が、テラス・デュフランである。下に広がる旧市街ロウワー・タウン、彩られたカエデ、対岸との間を行き来するフェリー、大型客船……。そんな眺めを楽しみながら、ゆっくり歩いた。

ホテルの隣、西側に、旧市街の中心的な広場、ダルム広場がある。シャンプラン像が立ち、観光ツアーバスの発着場もある。北側に、観光案内所がある。その向かい、道を挟んで東側に、要塞博物館がある。観光案内所のわきにある数十mの小路が、トレゾール通り。両側の建物の壁一面に絵が飾られている。ケベック・シティを描いたものなど、絵描きが自作の絵を観光客に売っているのだ。

通りの壁一面に絵が飾られたトレゾール通り

通りを抜けて、左へ歩いていくと、右手に、ノートルダム大聖堂が現れる。シャンプランにより、一七世紀の半ばに建立されたこの大聖堂内部のカナダバロックの豪華な装飾は見事だ。

色濃く残るフランスの香り

旧市街を囲む城壁の三つの門の一つ、サン・ルイ門を出て、新市街へ。城壁を見下ろすように小高い丘の上に建っているのが、ケベック州議事堂。一八八六年に建造されたフレンチクラシック様式の建物の正面の塔の脇には、シャンプランをはじめケベック州の発展に貢献した人物の像が立っている。議事堂と城壁との間に、ケベック・シティ四〇〇周年記念の噴水がある。

サン・ルイ門から、州議事堂横を通って西へ延びる道が、新市街の中心となる大通り、グランダレ通り。パリのシャンゼリゼ通りにもたとえられる華やかな通りだ。

イギリス統治下に建設されたカナダ最大の要塞シタデルの西、セント・ローレンス川に面した高台にある、戦場公園。アブラハムの平原と呼ばれるこの場所は、フランス軍がイギリス軍に大敗した、一七五九年の英仏戦争の激戦地である。道を挟んだ向かいにはジャンヌ・ダルク像がある、その名もジャンヌ・ダルク庭園がある。

四〇〇年の歴史を持つこの街には、フランスの影響が色濃く残されている。

戦場公園。1759年の英仏戦争の激戦地となった

滝の水しぶきを浴びて、テーブル・ロックの遊歩道も水浸しに

ナイアガラ・フォールズ —— カナダ、アメリカ国境　滝を中心とする一大リゾート

思い出のナイアガラ

一九九八年九月一二日（土）、「体感生中継　これがナイアガラ瀑布だ」という番組がＮＨＫ衛星第一とハイビジョンで同時放送された。当時はまだ珍しかったハイビジョンならではの映像とステレオ音声で、滝の流れ落ちる音・風圧などナイアガラの滝のすべてを体感してもらおうという趣旨の番組で、現地と東京のスタジオとを結んでの生放送だった。ぼくはこの番組に出演し、東京のスタジオから、ナイアガラの滝について解説した。

ネイティブ・アメリカンから「水の雷神」と畏《おそ》れ敬《うやま》われたナイアガラの滝は、南米のイグアスの滝、アフリカのビクトリアの滝とともに世界三大瀑布の一つに数えられている。

この滝を舞台にした映画『ナイアガラ』で主役を演じたマリリン・

モンローは、一躍有名女優になった。映画には、ライトアップされた色鮮やかな夜のナイアガラも登場する。一九二五年から続くこのカラフルな姿は今も見ることができる。『ナイアガラ』はサスペンス映画であると同時に、ナイアガラの滝について見どころ満載の観光映画であるともいえる。

遊覧船に乗って、「アメリカ滝」のそばを通り過ぎ、「カナダ滝」に向かって進み、滝壺でしばらく停留、合羽を着ているとはいえ、オープンデッキで滝のしぶきを浴び、びっしょり――。初めて滝の迫力を間近で体感した一九八八年の夏のことは、忘れられない。その後も、何度か、ナイアガラの滝を訪れた。

初めてのナイアガラ体験から三〇年、NHKの放送から二〇年経った二〇一八年の秋、ナイアガラの滝を見るために、カナダ側の起点となるトロントへ飛んだ。

カナダ側が観光の中心

ナイアガラの滝は、「五大湖」の東側に位置する二つの湖、エリー湖からオンタリオ湖へ流れるナイアガラ川の途中にある。カナダとアメリカの国境に位置し、アメリカ領のゴート島を境に、北側にブライダル・ベール滝を挟んでアメリカ滝があり、南側に水量が多く弓なりの馬蹄形をしたカナダ滝がある。

この滝の周辺には、カナダ側（オンタリオ州）にも、アメリカ側（ニューヨーク州）にも、ナイアガラ・フォールズという同じ名前の町がある。年間約一五〇〇万人もの観光客がこの滝を訪れるが、そのうちおよそ九割は滝の全貌が眺められるカナダ側にやってくる。

ナイアガラの滝を見下ろす地上一六〇ｍの展望タワー、スカイロン・タワー展望デッキからの眺め。カナダ滝の真横にあり、水が一気に落ちていく様子が間近で見られるテーブル・ロック。それに、夜のライトアップ。これらは以前からずっと変わらない名所・見どころである。だが、

スカイロン・タワーから眺めるカナダ滝の全容

スカイロン・タワーの展望デッキから眺める、アメリカ滝（左）とカナダ滝（右）。その間に見えるのがゴート島

ライトアップされたアメリカ滝（左）とカナダ滝

一八四六年以来一五〇年以上にわたってナイアガラ名物だった遊覧船「霧の乙女号」は変わってしまった。カナダ側での営業を終了し、「ホーンブロワー・ナイアガラ・クルーズ」に取って変わったのだ。

ナイアガラ・フォールズ一の繁華街クリフトン・ヒルには、高さ五三mの観覧車（ナイアガラ・スカイホイール）などのアミューズメント施設や土産物屋、レストラン、カフェなどが立ち並ぶ。以前にも増してさまざまな施設が増え、まるで街全体がテーマパークのような賑わいを見せている。

クリフトン・ヒルは、街全体がアミューズメント施設でいっぱい

滝の楽しみ方はさまざま

今回の宿は、クリフトン・ヒルを下って左折し、カジノ・ナイアガラやカフェ、チョコレート屋などの店が並ぶフォールズ・アベニューに面した歴史あるホテル。そばにあるハードロックカフェの前の歩道には、エルトン・ジョンやポール・マッカートニーの名前が書かれた敷石もある。このホテルはアメリカとカナダを結ぶレインボー橋のそばにあり、部屋からもライトアップされたナイアガラの姿が見え、最上階のレストランからの眺めは抜群だった。

ホテルから、オークス・ガーデン・シアターを通り抜け、ナイアガ

ホーンブロワー・ナイアガラ・クルーズに乗り、水しぶきをたっぷり浴びながら滝のそばへ

クイーン・ビクトリア・パークから見るスカイロン・タワー

ラ川のほとりに立つと、ほぼ正面にアメリカ滝が見える。滝を眺めながら、水辺の遊歩道を歩く。夜も、昼も、カメラを持って、どこからでも眺めの良い、この水辺の道を歩いた。

ホーンブロワー・ナイアガラ・クルーズにも乗船する。この乗り場から先に進むと右手に広がるのは、緑の癒し空間クイーン・ビクトリア・パーク。ナイアガラ・フォールズで一番高いスカイロン・タワーと風に揺れるカナダ国旗が見える。さらにその先に見えてくるのがテーブル・ロックだ。

テーブル・ロックは、カナダ滝に向かって文字通りテーブルのように突き出しているように見える。風向きが変わると、水しぶきをたっぷり浴びる。ナイアガラを間近に体感できる人気のスポットだ。

滝の全貌を望むなら、スカイロン・タワーの展望デッキからの眺めは必見。カナダ滝とアメリカ滝、その間にあるのはゴート島。水上には、カナダ滝へ向かっていく観光客を乗せた遊覧船。ナイアガラの風景を、一望のもとに見渡せる。

サンフランシスコ ―― アメリカ合衆国　気軽にまち歩きを楽しめるのが大きな魅力

ゴールデンゲート・ブリッジ

サンフランシスコの象徴、ゴールデンゲート・ブリッジ

二〇一八年の三月初め、時折小雨が降る中を、サンフランシスコでもっとも展望の良い丘、ツインピークスに登った。ここの展望台からは、北東方向に、ダウンタウンの高層ビル群が一望できる。サンフランシスコで一番高いビルの高さは、三二六m。六一階建てのそのビルは、一月八日に入居を開始したセールスフォース・タワーだ。入居しているのは、ＩＴ系の企業ばかり。このビルだけでなく、今、ここから見える高層ビルに入居している企業の多くはＩＴ系なのである。

このビルが建つまで、左手に見える白い三角形のビル、トランスアメリカ・ピラミッド（一九七二年完成、四八階建て、高さ二六〇m）がサンフランシスコ一高いビルで、街のシンボルだった。

「シリコンバレーが近くにあるため、今、サンフランシスコは家賃が全米一高いです」。現地ガイドが観光客に説明する、そんな声が聞こえてきた。

サンフランシスコ湾を眺めながら、さらに左の方に目を移すとアルカトラズ島が見え、オレンジ色のゴールデンゲート・ブリッジも確認できる。おおよその位置関係を把握してから、サンフランシスコの象徴、ゴールデンゲート・ブリッジへ向かった。

アルカトラズ島を眺める観光客

まず、ビジターセンターに寄り、橋の設計者ジョセフ・バーマン・ストラウスの銅像を見る。そばの花壇には、この橋の完成した年を示す、「一九三七」の花文字が植栽されている。

橋のたもとに立つ。左が太平洋、右がサンフランシスコ湾だ。サンフランシスコ湾に浮かぶのは、先ほども見えた島、アル・カポネが投獄されたことでも知られる連邦刑務所があったアルカトラズ島。ショーン・コネリーが出演した映画『ザ・ロック』の舞台でもある。

サンフランシスコが描かれた映画は数多いが、ぼくにとって印象深いのは、シドニー・ポワチエが出演した『招かれざる客』。彼が婚約者の家を訪れたとき、そこから見えたゴールデンゲート・ブリッジの光景が強く記憶に残っている。

全長二七三七ｍのこの橋は、瀬戸大橋と姉妹橋でもある。歩道があり、ぼくも、観光客に交じって途中まで歩き、橋の上から、ダウンタウンの高層ビル群を眺め、写真を撮った。

フィッシャーマンズワーフから繁華街へ

フィッシャーマンズワーフ

サンフランシスコ名物、フィッシャーマンズワーフでもっとも賑わっている場所がピア三九。大人も子どもも楽しめる、人気の観光スポットだ。桟橋上にはレストランや土産物屋などさまざまなショップが並び、晴れていれば野生のアシカの群れが日向ぼっこをしている姿も見られる。

サンフランシスコ海洋国立歴史公園を見学し、そこから、世界一曲がりくねった道、ロンバードストリートの上り坂を歩く。その後、チャイナタウンへ向かい、通りの両側に並ぶ中国語の看板を眺めながら、サンフランシスコでもっとも古い通り、グラント通りを抜けて、ユニオンスクエアまで歩く。ユニオンスクエアは、パウエル、ポスト、ストックトン、ゲーリーの四つの通りに囲まれた、ダウンタウンの中心広場。この周辺にメーシーズ百貨店ほか、専門店も多く集まっている。

パウエルストリートがマーケットストリートにぶつかるところが、ケーブルカーの発着所。ここに、転車台がある。転車台にケーブルカーが乗ると、係員が一人で押しながら回転させて、方向変換する。その様子を見て、乗車を待つ行列に並ぶ観光客は大喜びだ。

ケーブルカーの料金は、距離に関係なく、一回七ドルする。市民が乗る公共交通機関というよりは、サンフランシスコという大きなテーマパークの中の、観光客に人気の乗り物、といった印象だ。

おススメのケーブルカー博物館

二日後の日曜日。天気は晴れ。この日は一日中、サンフランシスコの街なかを回った。バート（湾岸高速鉄道）に乗って、街の中心部で降り、まずはシティーホール（市庁舎）へ向かう。正面左手に、リンカーンの銅像がある。ここから上り坂の道を歩き、アラモスクエアの丘の上に立つ。すぐ下に、一九世紀に建てられたビクトリア様式の住宅、ビクトリアンハウスが七軒並んでいる。これも、サンフランシスコを代表する景観の一つだ。その向こうに、高層ビル群が眺められる。

ワシントン通りを行くケーブルカー

ジャパンタウンも、ほぼ二〇年ぶりに訪れた。一九六八年にできたジャパンセンターには、紀伊國屋書店をはじめ、ダイソーなど日本でもおなじみの店がある。

ケーブルカー博物館に入ると、四系統あるケーブルカーをコントロールしているワイヤーが音を轟かせて回転している。ショップも充実しており、ここも、おススメの観光スポットだ。博物館の南側、ワシントン通りの坂道を、当のケーブルカーが走っている。

都市の観光事情は、実際に歩いてみるとよくわかる。気楽にまち歩きが楽しめる道、そういう道があればあるほど、いい街なのだと思う。アメリカ西海岸の大都市サンフランシスコも、中心部はそんな街だ。ただし、坂の街。それも生半可な勾配ではなく、傾斜の急な坂道が多い。これは変えようがない。しかし、この自然条件がまた、サンフランシスコ観光の大きな魅力の一つになっている。

アラモスクエアから眺めるビル群

ケーブルカー博物館では４系統あるケーブルカーをコントロールしているようすを見学できる

グランド・キャニオン――アメリカ合衆国

自然が創り出した絶景

グランド・キャニオンの展望を楽しむ観光客

地球最古の地層が現出

アメリカ合衆国アリゾナ州、その北西部を蛇行しながら横切っていくコロラド川。この流域の絶景でよく知られているのがグランド・キャニオンだ。人に尋ねるとほとんどが真っ先にその名を挙げる、アメリカ南西部の代表的な観光地である。ぼくもその一人だった。以前、この壮大な大自然の風景写真を撮るために、夏の時期と冬の時期の二度、グランド・キャニオンを訪れたことがある。

ところが、実はコロラド川流域には、グランド・キャニオンのほかにも、自然が創造した魅力的な絶景ポイントがいくつもある。そのなかで、最近特に人気を博してきているのが、アンテロープ・キャニオンである。

ぼくは二〇一七年の三月下旬、グランド・キャニオンとともに、このアンテロープ・キャニオン、さらに、約三〇〇ｍの断崖の下をコロラド川が馬蹄《ばてい》形に蛇行しながら流れる、ホースシューベンドを訪れた。今回は、グランド・キャニオンを中心に、少し足を伸ばしてホースシューベンドとアンテロープ・キャニオンを紹介したい。

恐怖心と戦いながらホースシューベンドをのぞき込む

コロラド高原がコロラド川の浸食作用によって形成されたグランド・キャニオンは、その名が示す通り、世界最大規模の大峡谷である。長さ約四五〇㎞、深さ一五〇〇～一九〇〇ｍに及ぶこの峡谷では、二〇億年前から二億五〇〇〇万年前までの、水平に堆積した地層を実際に見ることができる。

峡谷の最下層に露出している地層が、地上で見ることのできる地層としては地球最古となる、二〇億年前の先《せん》カンブリア時代のもので、最上部のもっとも新しい地層が、二億五〇〇〇万年前の古生代のものである。それより新しい中生代や新生代の地層はすべて浸食されて消え、現在でも浸食、風化作用は続いている。

トレイルを歩き、大展望と造形美を堪能

グランド・キャニオンは、一九一九年に国立公園に指定され、七九年に世界自然遺産に登録された。グランド・キャニオン国立公園は、コロラド川の南北両岸に広がっているが、交通の便が良く、観

グランド・キャニオン国立公園のプレート

谷底へ向かうトレイルを行く観光客（グランド・キャニオン）

光の中心地ブライトエンジェル・ロッジをはじめとする各種施設が整っているのは、南側のサウスリムと呼ばれる方だ。

サウスリムは断崖に沿ったトレイル（遊歩道）も充実しており、現在の姿に至るまでの地質学的な詳しい形成過程や、植物、動物など、グランド・キャニオンの自然全般についての説明板が随所に設置されている。もちろん、大絶景を望む展望ポイントや、風化作用によってできた奇岩を間近に見るビューポイントも点在している。

谷底まで、歩くこともできる。谷底までは無理だが、ちょっと途中まで、というときには、ブライトエンジェル・ロッジの西のルックアウト・スタジオの先から下っていく道、ブライトエンジェル・トレイルを歩いてみるのもよい。

ルックアウト・スタジオは一九一四年に建てられた石造りの建物で、建物内には眺めの良い展望台があり、ギフトショップも兼ねている。ここではグランド・キャニオンについての本も販売しており、今回も数冊購入した。

グランド・キャニオンには鉄道の駅もある。一九六八年にいったん営業停止されたが、一九八九年に運行再開し、車なら一時間で行くことのできるウイリアムズ駅との間を、二時間余りかけて一日一往復、観光客を乗せて走っている。グランド・キャニオンへの玄関口だったウイリアムズ駅構内には、以前走っていた蒸気機関車が保存されている。

ホースシューベンドとアンテロープ・キャニオン

グランド・キャニオンの上流に、コロラド川をダム（グレンキャニオン・ダム）でせき止めてできた長さが二〇〇kmにも及ぶパウエル湖がある。映画『猿の惑星』が撮影されたことでも知られるこの湖は、一九六三年のダム完成後、一七年かかって満水になったときには、世界第二位の規模を誇る人造湖だった。今、この湖も、水位の低下が問題になっている。

ダムの下流、パウエル湖の南方に位置するペイジの町からさらに南へ約六kmのところに、コロラド川が馬蹄形に蛇行しながら流れるホースシューベンドがある。ここには、柵はない。三〇〇mもあるという崖をのぞき込んで川を見るのはスリル満点。しゃがみ込んで、手を伸ばし、恐怖心と闘いながら、写真を撮った。

洪水の浸食作用で渓谷の壁が削られ、このような地形ができたアンテロープ・キャニオン

アンテロープ・キャニオンは、砂岩の層が、主にモンスーンの鉄砲水と風の力によって渓谷の壁が削られてできた。先住民ナバホ族の居留地にあるため、立ち入りが制限されており、ペイジから定期的に出ているツアーに参加して行くことになる。以前から地質学の研究対象としては注目されていたが、観光客が訪れるようになったのは一九九〇年代になってからだ。

ペイジで一四人乗りの車に乗り換え、ナバホ族の現地ガイドの案内に従ってアンテロープ・キャニオンに入っていった。幅二～三m、高さは三〇mほどもある螺旋《らせん》状に曲がりくねった、天井が抜けた洞窟のような所を歩いていく。風が吹くと、砂が降ってくる。初めて見る、差し込む日の光と地層の紋様が織りなす不思議な光景。観光地として人気が高まっていることに、深く納得する。日の出ているとき、特に太陽が真上にあるときが、ベストである。

コロラド川流域には、地球に刻まれた自然が創り出すアートがある。

ホノルル —— ハワイ

日本人が〝普段着〟のまま過ごせる常夏のビーチリゾート

ダイヤモンドヘッドの展望台を訪れる観光客

もっとも多い外国人観光客は日本人

初めての海外旅行先は、ハワイだった。一九七五年の夏のことである。以後、何度か出かけているが、ワイキキ・ビーチから見えるハワイのシンボル、ダイヤモンドヘッドには登っていなかった。二〇一九年の初め、ホノルルの写真を見ているうちに、「ダイヤモンドヘッドからワイキキ・ビーチはどのように見えるのか」ということが気になってきた。となれば実際に登ってみるしかない。二〇一九年の二月初めにホノルルへ、スニーカー履きのラフな格好のまま家を出た。

成田空港から直行便で六時間余り、日本との時差は一九時間。夜に成田を発つと同じ日の朝にホノルルに着く。空港からワイキキ・ビーチのホテルに直行し、荷物を預けてそのままビーチへ向かう。アロハシャツは、街のどこにでもあるＡＢＣストアに行けば二〇ドル程度で買える。気取らず、気楽に、普段着のまま。これが、ハワイの旅の良さである。

かつて、「全問正解して、夢のハワイ旅行に行こう」というような、ハワイ旅行が景品のテレビのクイズ番組があった。そんな、一生に一度行けるかどうかという「夢のハワイ」は昔の話だ。今、ホノルルでは、お年寄りや小さな子どもを連れて家族でやってくる日本人旅行者の姿がごく普通に見られる。

ＡＢＣストアの店先に20ドルほどのアロハシャツが並ぶ

ビーチバレーに興じる人たち

ある雑誌に、「ハワイを訪れる日本人は年間一五六万人、中国人はその一割くらい」と書いてあった。観光産業が最大の産業であるハワイに海外からやってくる観光客の中で、もっとも多いのが日本人だ。今回ぼくが泊まったホテルはスタンダードクラスだが、それでもトイレは日本式の温水暖房便座。日本語が通じ、日本での普段の生活そのままで過ごすことができる常夏のビーチリゾート、それが、ハワイなのである。

ワイキキ・ビーチからダイヤモンドヘッドへ

まずは、ワイキキ・ビーチ散策を楽しむ。

ワイキキ・ビーチからダイヤモンドヘッドを望む

ビーチ一帯に、浜辺を歩く人、日光浴を楽しむ観光客、ビーチバレーに興じる人々、それに自然の力・霊力が宿っているというワイキキの魔法石、三度のオリンピックで水泳選手として活躍したハワイの英雄デューク・カハナモク像などを見ながら歩く。

ワイキキ・ビーチの東にあるカピオラニ公園の先、ダイヤモンドヘッド・ロードを歩いていくと、右手にダイヤモンドヘッド灯台が現れる。ホノルルマラソンのとき、この脇をランナーたちが走り抜ける。

灯台のちょっと先にたくさんの車が停まっている。このビーチが地元のサーファーに人気のサーフポイント、ダイヤモンドヘッド・ビーチパーク。ここを通るバスは、写真を撮る観光客への配慮でスピードを落とす。

ダイヤモンドヘッドへ行くにはワイキキトロリー（観光ルートを巡る窓ガラスのないバス）がいい。バスはワイキキからしばらく走り、ト

日没時のワイキキ・ビーチ

ンネルを抜けて、火山の噴火によってできたクレーターの中へ入っていく。

バスを降りて、事務所で一ドル払う。ダイヤモンドヘッド・クレーターの説明案内板を一枚一枚チェックしながら、ダイヤモンドヘッド・トレイルを歩く。所要時間は、「ゆっくり歩いて、一時間半ほど」とのこと。

初めは平らな道を軽快に歩く。道は、徐々に急になってくる。途中、狭く急な階段もある。狭いトンネルもある。「心の準備はできていますか?」といったことが書かれた看板もある。

途中の視界が開けるところから、クレーターの内側の地形を眺める。そして、頂上へ。すぐ下に、ダイヤモンドヘッド灯台が見える。その先には、波が押し寄せるダイヤモンドヘッド・ビーチパークが広がっている。

頂上の展望台には、観光客がひっきりなしにやってくる。高さは二三二m。見晴らし、よし。そこから眺めるワイキキ・ビーチに、「ワ〜、素敵」との声も上がっていた。

ダウンタウンでハワイの歴史をかいま見る

ダイヤモンドヘッドから下ってワイキキ・ビーチでのんびりした後は、ダウンタウンのまち歩きを楽しむ。ハワイ出雲大社、チャイナタウン、レンガやコンクリート造りの家が残る旧市街を歩く。

ホノルル港の北にある旧市街には、100年以上前に建てられたレンガ造りの建物も残る

ハワイ州最高裁判所。その前に立つカメハメハ大王の銅像

ホノルル港に面して建つアロハ・タワーは、船が主要な交通手段だった時代にはダウンタウンで一番高いランドマークだった。近年まで展望台もあったが、今は立ち入り禁止になっている。

ハワイ州最高裁判所、その前にカメハメハ大王の銅像が立つ。アメリカ唯一の宮殿、イオラニ・パレスは、ハワイ王国第七代国王カラカウアによって一八八二年に完成した。敷地内にある戴冠式台は、カラカウア王とカピオラニ王妃の戴冠式用に一八八三年に建造されたものだ。ハワイ州政治の中心、州政府ビルの前に立つのはリリウオカラニ女王の銅像と、ハンセン病患者たちと生涯を送ったダミアン神父の銅像。

ハワイの歴史をかいま見た後は、定番のマカデミアナッツの入ったチョコレートとライオンコーヒーを土産に購入する。ハワイは、アメリカで唯一のコーヒー栽培地でもあるのだ。

メキシコ・シティ ―― メキシコ

三つの時代が交錯するメキシコの首都

観光の拠点、ソカロ

メキシコ・シティの観光の拠点は、「ソカロ」と呼ばれる中央広場である。この広場に面して北側に、アメリカ大陸最大のキリスト教建築の大聖堂、メトロポリタン・カテドラルが建ち、東側に、国立宮殿が建っている。

マデロ通りから見るラテンアメリカ・タワー

もともとここは、アステカ帝国の都テノチティトランだった。スペイン人の征服者コルテスによって一五一九〜二一年に徹底的に破壊され、その廃墟の上にメキシコ・シティが建設された。今、アステカ帝国時代の痕跡は、一九七八年の地下鉄工事の際に偶然発見された、大聖堂に隣接する大神殿テンプル・マヨールの遺構によって見ることができる。

この、アステカ帝国の都の上に築かれた植民都市で

街角の似顔絵かきに描いてもらった絵

あるメキシコ・シティは、一九八七年、「メキシコ・シティ歴史地区とソチミルコ」として、世界文化遺産に登録された。

アステカ帝国時代、スペインによる植民地時代、それに現代の三つの時代が交錯するこの街は、ソカロを中心に、碁盤の目状に道路が整備されている。その街並みを、二〇一八年の六月下旬に歩いた。

ソカロから、西の方向にまっすぐ延びる、多くの人々で賑わうマデロ通りから、一九五六年に建てられた高さ一八二mのラテンアメリカ・タワーまで、この通りの両側には、デパート、カフェ、ブティック、土産物屋などさまざまな店が並んでいる。ここは市民、そして観光客にとっても、まち歩きを楽しむことのできる人気の散歩道となっているのだ。

一〇点ほどの作品のそばでいすに腰かけ、うたた寝をしている街角の似顔絵かきを発見。ちょっと突ついて起こし、値段を聞くと、五〇ペソ（約四〇〇円）とのこと。それでは、といすに腰かけ、行き交う人々の視線を浴びながら、似顔絵を描いてもらった。

ラテンアメリカ・タワーの向かいに建つ青いタイルの家は、一七世紀初めに仙台藩から派遣された慶長《けいちょう》遣欧《けんおう》使節《しせつ》の支倉常長《はせくらつねなが》が旅の途次に宿泊した旧オリサバ侯爵邸で、現在はサンボーンズデパートとなっている。

ラテンアメリカ・タワーの大展望

ラテンアメリカ・タワー展望台から眺める、ソカロ方面（東方）の風景

ラテンアメリカ・タワーへの入口は、マデロ通りが交差する大通り、ラサロ・カルデナス通りを左折した所にある。建物に入り、行列に並び、カウンターで、展望台までの入場料一一〇ペソを払う。

展望写真が載ったパンフレットとともに、入場券代わりに渡された細長い紙を、腕に巻きつけ、エレベーターに乗って、三六〇度の展望を楽しむために、三七階の展望台へと昇る。

メキシコ・シティにやってきたら、ここからの展望は、必見である。なんといっても、ロケーションの良さが抜群なのだ。

東の方向を見ると、すぐ下に、今歩いてきた道、その先に、世界文化遺産のソカロ、メトロポリタン・カテドラル、国立宮殿などを望む。北の方向を見ると、すぐ下に、総大理石造りの大劇場、ベジャス・アルテス宮殿があり、その左手に市民の憩いの緑地アラメダ公園が広がっているのがわかる。

西の方向を見ると、すぐ下にアラメダ公園に沿って延びるファレス

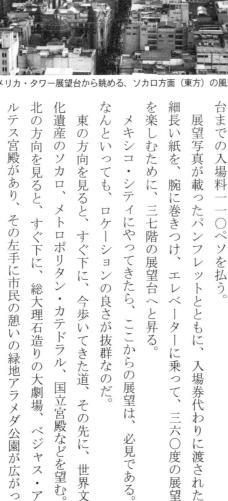

総大理石造りの大劇場ベジャス・アルテス宮殿

自転車専用レーンとバス専用レーン

通りがあり、さらにメキシコ・シティのシャンゼリゼ通りと称されるレフォルマ大通りに面して建つ高層のオフィスビル群が眺められる。

どの方向を眺めても、街の向こうには山が連なっている。そう、街の周りがぐるりと山に囲まれているのだ。メキシコ・シティは、標高が二〇〇〇mを超す高地にある盆地の街。そのため、車の排気ガスなど、汚染された空気が拡散しないでここに留まってしまう。三〇年ほど前から健康被害を訴える人が急増し、大気汚染が深刻な状況になった。

そこで、日本が支援し、環境に優しい公共交通機関の導入など、環境改善事業を行うことになった。目を引くのは、街を走る車の新しさ、トロリーバスやメトロバス、それにレンタル自転車。道路にはメトロバス専用レーン、自転車専用レーンが設けられ、バス専用レーンを超えての右折は禁止などの厳しい交通ルールが定められているのも、そんな事情があるからだ。

独立広場で「大集会」に遭遇

レフォルマ大通りから独立記念塔を望む

ラテンアメリカ・タワーからの展望を楽しんだ後、ファレス通りを歩き、アラメダ公園をゆっくり散策する。オープンマーケットも大賑わいだ。音楽に合わせてダンスを楽しむ人々もいる。

アラメダ公園から、西へ向かう。街路樹や遊歩道が整備され、自転車専用レーン、バス専用レーンが設置されているメキシコ・シティのシャンゼリゼ、レフォルマ大通りを、道端のモニュメントを楽しみながら、独立記念塔のある独立広場まで歩く。ちなみにメキシコでデモ行進が行われるときは、この独立広場が起点になり、ソカロまで進む。

六月二三日の土曜日、サッカーのワールドカップでメキシコが韓国と対戦し、メキシコが勝った。独立広場にはものすごい数の人が集まり、レフォルマ大通りも、人、人、人。その翌日は大統領選挙の候補者の大集会が独立広場で開催された。ぼくは独立広場で、両日の賑やかさを体感した。

地下鉄の料金は距離に関係なく、一回五ペソ。有人の売り場で切符を購入し、自動改札機に切符を入れる。切符は回収されてしまってそのままホームへ。土曜日、日曜日とも、集会後のホームは、日本のラッシュ時以上の大混雑だった。

ニューカレドニア

世界自然遺産のフランス海外領土

南太平洋上のビーチリゾート

二〇一八年の九月中旬、約三〇年ぶりにニューカレドニアに行き、一人旅を楽しんだ。初めてこの地を訪れたのは、森村桂『天国にいちばん近い島』（一九六六年）を原作に二〇年近い歳月を

アンスバタ湾、ロジェ・ラロック通りにて

経てニューカレドニアを舞台に制作された原田知世主演の同名の映画（一九八四年）を観た直後だった。

ニューカレドニアは、オーストラリアの東方にある、南太平洋上のフランスの海外領土だ。南回帰線を挟んで、南緯一九度から二三度にわたって位置し、太平洋を越えて東から貿易風が一年中吹いている。

面積が四国ほどの国土に、人口は約二七万五〇〇〇人。そのうち最大の島グランドテール島の南部に位置する首都のヌメアに約一〇万人が暮らしている。

日本からは直行便が飛んでいて、八時間半で結ばれている。ぼくが乗った便には、パリから日本を経由してニューカレドニアへ向かうフランス人が何人も乗っていた。

イギリス人の探検家ジェームズ・クックが一七七四年にこの島を「発見」した。今日《こんにち》のスコットランドにあたる地域を指すラテン語のカレドニアにちなんで、ニューカレドニアと名付けられた。海洋博物館内にはクックの名前が書かれた写真付きのいすが置いてあり、外に出ると、ジェームズ・クックの名前の付いた通りもある。フランス領になったのは、一八五三年のことである。

一八六〇年代にニッケルが発見されてからは鉱業の島になり、産業の中心は、このニッケル鉱業と、観光業である。日本はこの国のニッケルの第一の輸出先として深く関わってきた。現在、日本のニッケル輸入量の約五〇%はニューカレドニアからのものである。

ビーチリゾートとして人気のこの島国を取り囲むサンゴ礁、ニューカレドニア・バリア・リーフは、長さが一五〇〇㎞あり、オーストラリアのグレート・バリア・リーフに次ぐ世界第二位。二〇〇八年には、「ニューカレドニアのラグーン：リーフの多様性とその生態系」として世界自然遺産に登録された。

ウアントロの丘をハイキング

今回の宿は、首都ヌメアの南に位置するアンスバタ湾に面して建ち並ぶ、ビーチリゾートホテルのひとつ。ホテル群の南東に、高さ一三一mのウアントロの丘がある。ここは自然を満喫できる、整備されたハイキングコースだ。頂上には第二次大戦のときに設置された大砲もある。歩いて登りながら、アンスバタ湾に面して建つリゾートホテル群を眺め、鳥のさえずりを聞き、青い海、サンゴ礁に囲まれた小さな無人島のカナール島へ向かうボートなどの眺めを楽しむ。

ハイキングコースの途中にある広場が、お勧めポイントだ。視界が開け、ベンチとテーブルがある。展望を楽しみながらのランチもいいが、草の上に横になってひと休みが最高だ。そこで見た貿易風の影響を受けて形成された偏形樹に興奮した。

貿易風の影響を受けて形成された偏形樹

ペタンクに興じる人々

アンスバタの海岸線、ロジェ・ラロック通り沿いには、土産物屋が建ち並び、ペタンク場がある。日が傾いてくると、ペタンク（フランス発祥の球技）に興じる人々の姿が多くなる。

蒸気機関車型の観光用ミニバス、プチトランの乗り場も、ここにある。ホテルに泊まった観光客は、街の中心まで行かなくても、ここを拠点に、一時間四五分ほどで主要な観光名所をぐるっと回ってこられる。

ヌメア中心部との間には、「一〇番」の路線バスが走っている。乗車するときに運転手に料金を払って、乗車券を受け取り、それを改札機に通すシステムだ。料金は二一〇フラン（約二七〇円）で、お釣りも出る。初日は、ヌメアの中心部まで、いつものように途中の風景を楽しみながら、二時間かかって歩いた。以後は、このバスを何度も利用することになる。

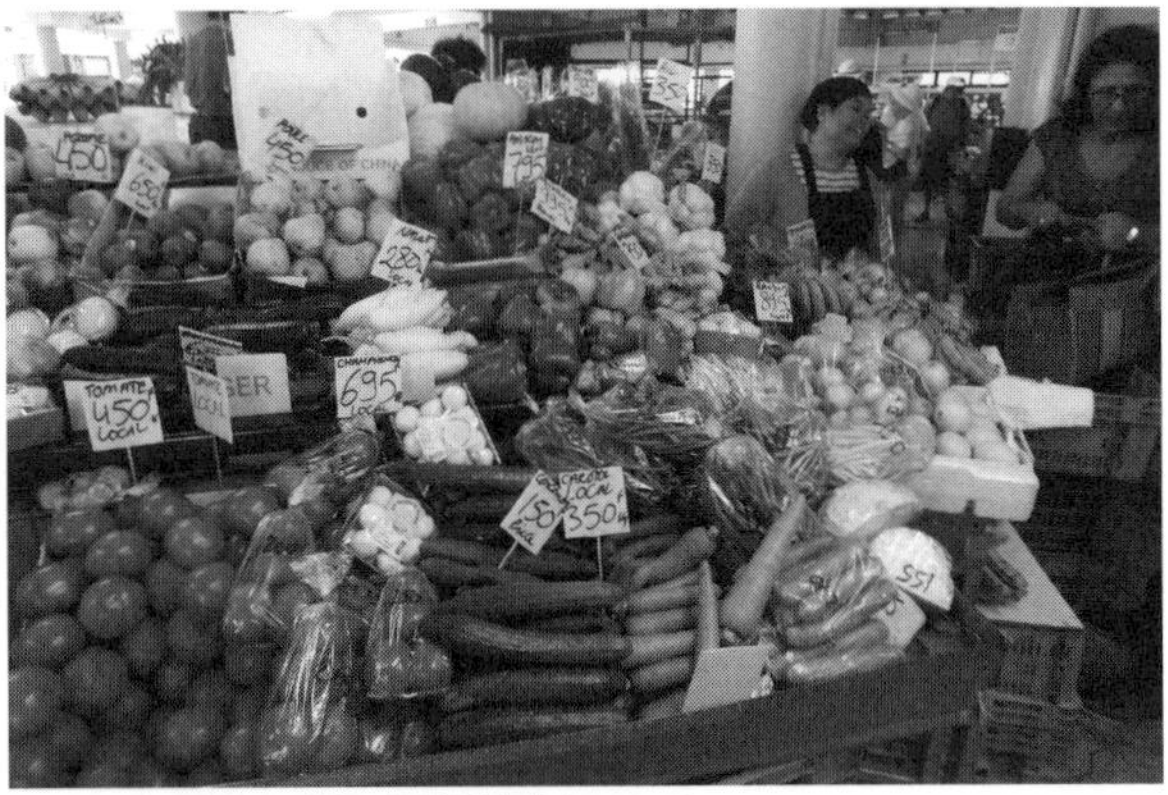
マルシェにはさまざまな野菜が売られている

ヌメア中心部を歩く

ココティエ広場は、碁盤の目のように整備された街の中心部に位置する、東西に長い長方形の公園で、ヌメア市民の憩いの場だ。緑に囲まれた公園の中央部に噴水があり、東側に音楽堂がある。公園の北に隣接して、ヌメアの歴史を紹介するヌメア市立博物館がある。公園の西側に、市役所が隣接して建ち、その先へ歩いていくと、客船ターミナルに出る。

噴水の南の方から公園を出ると、左手にズラッとタクシーが並んでいる。この街唯一のタクシー乗り場である。そのまま真っ直ぐ南に歩いていくと、チャイナタウンがあり、その先の右手に長距離バス乗り場がある。ここで、東西に走る広い通りを渡ると、モーゼル湾に面して右手にあるのがマルシェ（市場）だ。ヌメア市民の台所マルシェの朝市ではさまざまな野菜、魚、肉などが売られており、屋外テントには、観光客向けの土産物も並んでいる。

ニューカレドニア博物館

19世紀末に建設された、ゴシック様式のサン・ジョセフ大聖堂

観光船の発着場でもあるヨットハーバーを見てから東へ歩いていくと、ニューカレドニア博物館がある。ここで、儀式用のマスクや木像などニューギニアの歴史や文化を見学。博物館の北東方向に、この街のランドマークとして一九世紀末に建設されたゴシック様式のサン・ジョセフ大聖堂が建っている。聖堂内のシャンデリアはニッケル製で、入り口にある聖水盤には大きなシャコ貝が使われている。

F. O. L. の丘から眺めるモーゼル湾の風景

聖堂の後ろにあるF.O.L.の丘から聖堂の塔とモーゼル湾のヨットハーバーが眺められる。ヌメアの象徴的な風景だ。ただ、雑草が視界を遮るほど生い茂り、せっかくの展望が見えにくくなっていたのが、少しだけ残念だった。

シドニー —— オーストラリア

オーストラリアで最初に形成された街

シドニータワー展望台から東の方向を眺める

冬のシドニーへ

初めてシドニーを旅したとき、まず感じたことは、「ここは南半球なのだ」ということであった。太陽の光は北の方向から照り、南の風が冷たいことを肌で感じたのである。

民家は、日当たりの良い、北向きの斜面に多く建っている。天文台のそばの暖かい北向きの斜面に腰を下ろし、サンドイッチを食べながら本を読んだりしていて、そのままウトウト眠ってしまい、いざ立ち上がって動き始めようとしたとき、方向感覚がズレていることに気づいたこともあった。

シドニーには、二〇世紀末の十数年間、ほぼ毎年のように出かけた。八月、九月に出かけることが多かったが、八月のシドニーは日本の夏と違って、季節は冬。ただし月平均気温は一〇℃を超え、東京の冬に

世界文化遺産となったオペラハウス

比べてかなり暖かい。二〇一七年、その八月の末に、久しぶりにシドニーを訪れた。

街が大きく変化

中心街はさほど広くはない。ちょっと頑張れば、ほとんどの所へ歩いて行くことができる。まち歩きを楽しみ、食べて、飲んで、「以前に比べて、ずいぶん物価が高くなったな」ということを実感した。

そのほかにも変化したことがある。一九八八年のオーストラリア建国二〇〇年祭を機に再開発されたシドニーでもっとも活気のある多目的エリア、ダーリングハーバーを取り囲むようにモノレールが走っていたのだが、二〇一三年に廃止されており、レールも撤去されていたのだ。

一方で、一九九七年に街の中心部から郊外へ延びる一路線だけ運行していた路面電車の二路線目が、タウンホールの前を通るメインストリートのジョージ通りを走ることになり、線路敷設工事が行われていた。

世界文化遺産も二カ所登録された。シドニー・オペラハウス（二〇〇七年登録）と、オーストラリアの囚人収容所遺跡群の一つ、ハイド・パーク・バラックス（二〇一〇年登録）である。

シドニータワーからの大展望

中心部には一九八一年に建造されたシドニータワーが建っている。尖塔まで高さ三〇九mあるこの塔の展望台の高さは、二六〇m。ここからは、三六〇度、シドニーの街の全貌を見ることができる。入場料は、二八ドル。まずは一〇分ほど、四K立体映像でシドニーの街の様子を見てから、リフト（エレベーター）に乗って、展望台へと昇る。

タワーの東側、すぐ下に、ハイド・パークが広がっている。南北に長い長方形をした公園の中央部を東西に走るパークストリート。その北側、森の中の散歩道の先、広場の中ほどにある噴水が、アーチボルト噴水。

西を向いて立つアルバート公の像の先に、北を向いて立つビクトリア女王像。オーストラリア最大のローマ・カトリック教会のセントメアリー大聖堂があり、その北に世界遺産ハイド・パーク・バラックスの建物も見える。

公園の南側に、ジェームズ・クック像が立っており、そのずっと先には、シドニーオリンピック・パラリンピックのメインスタジアムとなった競技場、ANZスタジアムが見える。

公園の東、ウィリアムストリートに面したレンガ造りの建物がオーストラリア博物館。ここには、オーストラリアだけに生息する動物、それに化石や民族学的なさまざまな標本が展示されている。オーストラリア大陸の歴史を知ろうとするなら、ここは必見の場所である。

ハイド・パークの北東、広々としたドメイン（公園）にニューサウスウエールズ州立美術館があり、その先に王立植物園やミセス・マッコリーズ岬も見える。さらに、ポート・ジャクソン湾の入り口、タスマン海まで眺めることができる。

西側、すぐ下に、クイーンビクトリア・ビルディングが見える。このロマネスク様式の建物は、二〇年ほど前に大規模な改修工事が行われ、今、にぎわいのあるショッピングセンターとなっている。

港とその周辺のにぎわい

高層ビル群に一部が隠れて、オペラハウス、ハーバーブリッジが見える。このビル群の向こうに、オーストラリアの歴史が始まったサーキュラー・キーとロックスがある。最初にイギリス人が入植したところ、岩だらけだったことでその名がついたこの地区には、昔倉庫だった建物が残り、外観はそのままに内部を改装、さまざまな店になり、観光客に人気の場所になっている。昔労働者の長屋住宅だった建物、アーガイルテラスも、レストランや土産物屋になっている。この界隈は、昼も、夜も、何度も歩いたところだ。フェリー発着所としてにぎわうサーキュラー・キーには、世界各地からの大型の客船もやってくる。

ダーリングハーバーには、ショッピングアーケード、レストラン、ホテル、国立海事博物館、水族館、コンベンションホール、劇場、アリーナ、それに、シドニー唯一のカジノもあり、活気

観光客を乗せた大型客船もやってくる、サーキュラー・キー

ロックスのようす。昔倉庫だったレンガ造りの建物は外観をそのままに、内部を改修してさまざまな店が入り、観光資源になっている

ハーバーブリッジ付近の夜景

がある。ダーリングハーバーとサーキュラー・キーとはフェリーで一五分。両者を結ぶシャトル便が頻繁に行き交っている。

日が沈み、夕食後、南の空に見る八月の南十字星は、右に大きく傾いた格好をしている。太陽も月も東から上り、西の空に沈むのだが、三日月の形は北半球に位置する日本で見るものとは向きが逆だ。アルファベットのCの字をしており、日を追って右側に膨らんでいく。

そして港町シドニーの夜景。その美しさは、今も変わらない。

イスタンブール ―― トルコ

アジアとヨーロッパの交差点

グランド・バザール

迷子になりかねないグランド・バザール

「大通りを歩いていって、曲がって中の方に入ったら、また、元の大通りに戻って……」とガイドにアドバイスされていた。常に大通りの位置を意識しつつ歩かないと迷ってしまうほど内部は通路が入り組んでいる。というよりは、イスタンブールのグランド・バザールでは、すべての通路の両側にびっしりと並んだ店が、どれも魅力的で、つい気を奪われてしまい、自分が今、どこにいるのかがわからなくなってしまうのだ。

また、買うときは、「言い値の半分ぐらいに値切って」と言われていたが、気に入ったものがあって、その値段を店の人に尋ねると、「いくらで買う?」と、逆に聞かれるのだ。こちらの本気度、それに鑑定力、真贋《しんがん》を見抜く目が試されるのである。

グランド・バザールで売っていたチャイを飲む器

グランド・バザールで売っていたトルコの民族衣装

商談成立。すると「チャイを飲むか?」とくる。うなずくと、受け皿に乗った小さな透明なグラスに入った、トルコの紅茶・チャイが運ばれてくる。すぐに飲んで空になると、「もう一杯どうだ」となって、また、飲む。それが、何度も繰り返される。

グランド・バザールはレンガ造りで、屋根付き。天井はアーチになっている。広さは約三万㎡、四〇〇〇軒を超す店があるとのことだ。

イスタンブールを訪れるたびに、グランド・バザールに行く。化石がはっきり認識できる剣の形の大理石、チャイを飲む器のセット、トルコの民族衣装に帽子、コマ。今、わが仕事場を、これらトルコ土産の数々がいろどっている。

時間が経つのを忘れるトプカプ宮殿

アジアの西の端にして東西文明の交差点、イスタンブール。ビザンチウム、オスマン帝国時代の首都コンスタンティノーブル、そしてイスタンブールと名を変え、現在に至っている。

トプカプ宮殿から対岸のユーロッパ側を眺める。右手の尖塔がガラタ塔

美しいブルーのタイル壁の奥にハレムが配置されている（トプカプ宮殿）

オスマン帝国のスルタン（皇帝）の居城として一五世紀半ばに建設されたトプカプ宮殿は、現在は博物館として一般公開されている。そこには、日本の陶磁器をはじめ、強大な権力を持っていた時に世界中からもたらされた貢ぎ物の数々が展示されている。

トプカプ宮殿の第一庭園の奥に建つ、バービュスセラーム門（表敬の門）を抜けて、宮殿内部へ。宝物館には映画『トプカピ』

イスタンブールの旧市街、左手の巨大なドームがブルーモスク

で有名になった、巨大なエメラルド三個が埋められた「トプカプの短剣」などの財宝もある。聖遺物の展示室には、イスラム教の創始者ムハンマドの外套《がいとう》や剣、親書などが宝石に飾られた箱に入れられ、保管されている。

スルタンと女性たちの館、ハレムもトプカプ宮殿の見どころの一つ。壁面を飾るイズニックタイルの装飾、ステンドグラス。それに、ハレムの権力者スルタンの母の部屋、妻が住んだ部屋、宴会が催された皇帝の間などを興味深く見て回った。

第三庭園を抜けた、宮殿の奥にある展望抜群のテラス、バーダット・キョシュキュも、世界中からやってくる観光客に人気の場所だ。対岸に建つ、円錐の尖塔が印象的なガラタ塔。ボスポラス海峡を、船が行き交う。海峡をまたぐファーティフ・スルタン・メフメット大橋（第二ボスポラス橋）。日本の技術が注ぎ込まれ、一九八八年に完成したこの橋は、自動車交通の大動脈として、今、トルコ経済にとって重要な役割を果たしている。

マルマラ海を眼下に、東西交易の接点であるボスポラス海峡を望む、三方を海に囲まれた絶景の岬に建っているトプカプ宮殿は、グランド・バザールとともに、何度訪れても、興奮し、時間が経つことを忘れてしまうほど魅力的な場所なのである。

このトプカプ宮殿とともに、ビザンチン建築の傑作アヤソフィア、ブルーモスクの愛称で親しまれているスルタンアフメット・ジャーミィ、旧市街は、一九八五年、「イスタンブールの歴史地区」として、ユネスコの世界文化遺産に登録された。

食の本場を楽しむ

トプカプ宮殿を堪能した後は、搾りたてのオレンジジュースを飲み、イスタンブールのまち歩きを楽しむ。「伸びるアイスクリーム」で知られるドンドゥルマも、必ず一度は食べる。ベンチに腰掛け、憩う人々。ここヒッポドロームは、ローマの大競技場跡だ。テオドシウス一世、コンスタンティヌス七世のオベリスクが立つ。八角形の建造物は、ドイツのヴィルヘルム二世から寄贈されたドイツの泉だ。

トルコの伸びるアイスクリームを楽しむ観光客

イスタンブール観光の夜の定番プログラムは、ベリーダンス・ショーだが、その前に、トルコの酒ラクを飲みに、現地の人で賑わう店へ立ち寄る。見かけは日本酒と同じような透き通った酒が、透明なグラスに三分の一ほど入って出てくる。それに、グラス一杯の水が別につく。ラクの入ったグラスに、その水を入れると、白く濁る。つまみは、トルコの定番、羊の内臓を炒めたものにトマトが入ったココレッチ。イスタンブールに「シュレフェ」（乾杯）。

プロヴディフ ―― ブルガリア

二〇一九年の欧州文化首都に選定されたブルガリア第二の都市

コーラスの練習が行われていたローマの円形劇場跡

石畳の道は最高のロケーション

二〇一九年の欧州文化首都[注1]は、プロヴディフ（ブルガリア）とマテーラ（イタリア）の二都市。うちプロヴディフは、首都ソフィアに次いでブルガリアで二番目に人口が多く、およそ三七万人となっている。この国初の欧州文化首都として、プロヴディフでは、Together（一緒に）をモットーに、さまざまな芸術文化イベントが企画されている。

この年の五月下旬、ぼくはブルガリアを旅し、プロヴディフを訪れた。

ブルガリア語の文字はキリル文字。五月二四日は聖キリル&メソディウスの日で、国民の祝日になっている。また、この日は「一八歳になって高校を卒業。大学に入る前に女性はドレスを着て、パーティーに参加して祝う」とのことで、若者、特に女性にとっては特別な日だ。大人の仲間入りの日でもある。

その翌日、二五日の土曜日にプロヴディフのまち歩きを楽しんだ。石畳の道を歩き始めると、アレっと思った。車道の両側、一段高くなった歩道の敷石が、ほかのヨーロッパの街に比べて大きさが不揃いで、凸凹している。

歴史博物館となっているゲオルギアディ・ハウス

いて歩いている。ここを、若い女性たちが、かなりかかとの高いハイヒールを履いて歩いている。それも、一人で歩いているのではなく、カメラマンと一緒だ。付き添いの少年や若者がいる人もいる。

女性たちは皆一八歳だという。そう、日本の成人式で晴れ着を着て記念写真を撮るように、「大人の仲間入り」をした一生に一度の記念の写真を撮るには、この石畳の道は最高のロケーションなのだ。カメラマンだけでなく、この街にやってきた観光客も、ドレス姿の女性たちにカメラを向ける。それが嬉しいのだろう、だれもが、笑顔で応じ、モデルのようなポーズをとる者もいる。

民族復興期の屋敷を巡る

歴史博物館になっているゲオルギアディ・ハウスは、もともとは一八四八年にトルコ人の富豪によって建てられた屋敷だった。その先にある、紀元前四世紀にマケドニアのフィリップ二世によって建てられ

旧市街を防衛するための要の門、ヒサル・カピヤ。紀元前4世紀に建てられた

フランスの近代抒情詩の祖と言われるラマルティーヌが暮らした家

た旧市街を防衛するための要となる門、ヒサル・カピヤ（要塞門）を通って、最初の角を右折。すぐ右手に、イスタンブール出身のハジ・ゲオルギが一八四七年に建てた豪華な屋敷がある。黒基調で、外壁に花模様があしらわれているバロック様式と、民族復興様式[注2]が合わさった建築様式のこの建物は国の重要文化財で、現在は民俗博物館になっている。

民俗博物館を出て南の方向に歩いていくと、左手に、塀に囲まれた緑色の鐘楼がある。ここは聖コンスタンティン・エレナ教会。

塀に沿ってなお南へ歩いていくと、外壁に古代ギリシャの医師ヒポクラテスの彫像がある建物がある。一九世紀に建てられた、医者の屋敷だったボヤジエフ・ハウスで、今は、ブルガリアの画家ズラトュ・ボヤジエフの作品を集めたギャラリーになっている。

二階部分やバルコニーがせり出した民族復興様式の建物を見ながら、ブルガリア語とその下に英語で書かれた案内板をチェック。左折して上り坂の道を歩いていくと、フランスの近代抒情詩の祖といわれるアルフォ

アレクサンダル・バテンベルグ通りでこんな像を発見

ジュマヤ広場地下のローマの競技場跡（手前）とイスラム寺院ジュマヤ・ジャーミヤ（右手奥）

ンス・ド・ラマルティーヌが暮らした家、ラマルティーヌの家がある。この家も二階部分がせり出している。ここには、ラマルティーヌの原稿や旅先の資料などが展示されている。

紀元前のローマ遺跡

プロヴディフは、坂の街だ。その、市内の観光名所の中で一番高いところにあるのがローマ円形劇場跡。この劇場跡は保存状態が良く、現在もここで野外劇が行われる。

劇場跡を眺めながら、観光客で賑わうオープンカフェで一休み。一息ついたところで、この後は、下り坂の道を歩いていく。聖処女教会を見て、なお坂を下っていくと、街の中心、ジュマヤ広場に出る。この広場と中央広場を結ぶ南北の広い並木道、アレクサンダル・バテンベルグ通りがこの街のメインストリートでさまざまな店が並ぶ。観光客の姿もひときわ多い。

ジュマヤ広場の北東に、光り輝くミナレットのあるモスク、ジュマヤ・ジャーミヤがある。広場の地下にはローマ競技場の跡があり、階段状の観客席が上からも見える。観客席と向かい合うように、広場のすぐ下にはカフェがある。

広場の西の角に観光案内所がある。ここに市内の地図が置いてある。欧州文化首都選定記念のTシャツも並んでいた。プロヴディフのガイドブックを見つけたので、「英語版があるか」と尋ねると、ないとのこと。残念だ。観光案内所の前には、「二〇一九年欧州文化首都」を記念したフラッグ。マンホールも、欧州文化首都を記念したものになっている。広場の北に目をやると、露店が並んだ道は観光客で大賑わいだ。

劇場跡や競技場跡などのローマ遺跡、オスマントルコ時代に豪商が建てた屋敷の数々。欧州文化首都に選定されるだけあって、長い歴史に彩られたプロヴディフ観光の魅力には大きなものがある。

※注1　EU（欧州連合）は、加盟国の相互理解を深めるために、加盟国の都市の中から毎年「欧州文化首都」を選定し、一年間にわたってさまざまな芸術文化的行事を開催している。

ローマの円形劇場跡や街並みを望むオープンカフェで憩う人々

注2　オスマン帝国の支配下、一八〜一九世紀の民族復興期に現れたブルガリアの伝統的なモチーフを持つ様式。

トランシルヴァニア地方 —— ルーマニア

中世の面影を残す三つの街を巡る

吸血鬼ドラキュラの居城のモデルとなったブラン城。内側のようす

ドラキュラゆかりのブラン城

一九九五年の夏以来四半世紀ぶりに、二〇一九年の五月下旬、ルーマニアのトランシルヴァニア地方を旅した。

アイルランドの怪奇作家ブラム・ストーカーの小説『吸血鬼ドラキュラ』が誕生したのは一八九七年のこと。そのモデルには実在の人物がいた。オスマン帝国軍に対して厳しく壮絶な戦いを繰り返し、「串刺し公」と呼ばれるほど残忍だったといわれるワラキア公ヴラド三世、別名ヴラド・ツェペシュ（一四三一～七六年）である。

トランシルヴァニア地方の中心・ブラショフから南西に約三〇kmの山の上に、観光客に人気の観光名所ブラン城がある。この城はワラキア地方からトランシルヴァニア地方へ通じる要所に位置し、一四世紀末、ヴラド・ツェペシュの祖父ワラキア公ヴラド一世の居城だったと

ブラショフの黒の教会。高さが65mある、トランシルヴァニア地方最大の後期ゴシック教会

ころ。ヴラド・ツェペシュも闘いの最中に一時滞在したことがあり、吸血鬼ドラキュラの舞台になった城だ。

　階段を上って城の中へ入り、往時の面影を残す部屋や展示品の数々を見学。拷問用具のレプリカもある。最上階の窓からは、周辺の風景が見渡せる。

　ブラショフは、ルーマニア第二の都市。トゥンパ山の麓に位置する、中世の街並みを残す古都だ。トゥンパ山の頂に、BRASOV（ブラショフ）の文字が見える。街の中心・スファトゥルイ広場の中央に歴史博物館がある。一四二〇年建立の旧市庁舎で、正面には王冠の下に大地に根を張った太い木のバナーが掲げられている。ブラショフの紋章だ。広場の北東方向に延びるレプブリチ通りが街のメインストリート。土産物屋の店頭に、ドラキュラのモデル、ヴラド・ツェペシュが描かれたビアグラスなどが並ぶ。

　広場の南には、黒の教会。トランシルヴァニア地方最大の後期ゴシック教会だ。一六八九年にハプスブルク軍の攻撃をうけ、外壁が黒こげになったことからこの名がついた。

城塞都市シギショアラ

一九九九年に「シギショアラの歴史地区」として世界文化遺産に登録されたシギショアラは、一二世紀末に丘の上に造られた城塞都市だ。

坂道を歩いて上り、門を通ってシギショアラの歴史地区へ足を踏み入れると、正面に街のシンボル・時計塔が見える。当地に入植したドイツ人がギルドを形成してトランシルヴァニア地方の商業の中心として発展、一三六七年に自治都市になったことを記念して建てられたといわれる。天使などをかたどった人形が動く、からくり時計になっている。現在の時計塔は、一七世紀に大火で焼失した後、再建されたもの

シギショアラの歴史地区。トランシルヴァニア地方の商業の中心として発展した

歴史博物館。正面にブラショフの紋章が見える。1420年建立の旧市庁舎だった建物

時計塔の展望台からシギショアラの街並みを望む

シギショアラの旧市街広場にある吸血鬼ドラキュラのモデル、ヴラド3世の頭部像

だ。

　入場料は、一五レイ（約四五〇円）。内部は博物館になっている。木製の階段を歩いて上り、展望台へ。見晴らしの良い展望台をぐるりと一周しながら、中世の家並みが残る歴史地区を眺める。南西方向に山上教会。その下には教会へと通じる屋根付きの木造階段がある。

　北の方を向いて立つと、すぐ下の左手、通りに面して、ひと際人だかりが目立つ黄色い建物がある。「ヴラド・ドラクルの家」で、今はカサ・ヴラド・ドラクルという名のレストランになっている。この建物が、例の吸血鬼ドラキュラのモデル、ヴラド・ツェペシュの生家である。彼の父、ヴラド・ドラクルは、一四三一年から四年間、ハンガリー王によってこの家に幽閉された。その間にヴラド・ツェペシュが生まれたのだ。

　このレストランでは、赤ワインをドラキュラワインという。グラス一杯一五レイ。隣のテーブルから聞こえてきたのは、ドイツ語だ。

「ここはドイツ人の入植によってつくられた街です。第二次世界大戦でドイツが負けたためにほとんどが逃げていきましたが、住み続けている人もいます」と現地ガイド。さらに、「毎年六月に、元の住民や子孫が集まってビールを飲みながら、イベントも行われます」とも。

別荘地として栄えたシナイア

トランシルヴァニア地方には、もう一カ所、人気の観光地がある。それは、シナイアだ。

カルパチア山脈の山間に位置するシナイアの歴史は、一七世紀にシナイア僧院の建立に始まり、一八世紀にブカレストの王侯貴族たちの別荘地として栄えた。宮殿風の館が並び、今も夏は避暑地、冬はスキーリゾートとしてにぎわっている。

シナイア僧院の近くにある古い教会の入口の外側に描かれたフレスコ画は、一七世紀建立当時のま

シナイアの街の歴史は、このシナイア僧院の建立に始まった

ペレシュ城周辺の露店に並ぶ、刺繍がデザインされたルーマニアの伝統的な衣装

ま。シナイア僧院からルーマニア王室のカロル一世が夏の離宮として建てたペレシュ城へと通じる道の露店には、刺繍《ししゅう》に彩られたルーマニアの伝統的な衣装などが並んでいる。

トランシルヴァニア地方を車で行くときの楽しみのひとつは、煙突の上のコウノトリの巣を見ること。コウノトリは、生まれた所に戻ってくる習性があるという。希少なコウノトリを保護するため、煙突の上にできた巣を勝手に取り壊すことは禁じられている。ぼくが訪れたときはちょうど繁殖時期で、巣では子育て真っ最中。親鳥から餌をもらうかわいらしい雛の姿を見ることができた。

カプリ島 ―― イタリア

ローマ皇帝も愛したリゾート地

島の玄関口マリーナ・グランデの風景

"それ"が見られるのはお天気次第

その存在は知られていても、実際に見た人は案外少ない。

「写真を見て、一度は行ってみたいと思っているのですが……。きれいらしいですね」

と言った女性。

「新婚旅行で行ったのですが、天気が悪くて入れませんでした」

と、残念そうに語った人もいる。

イタリア、ティレニア海に浮かぶ、面積約一〇㎢の、この国有数の高級リゾート地カプリ島。その随一の観光名所が、〈青の洞窟〉である。洞窟の中で見られる、光り輝くブルーの海の色は、世界中の観光客を魅了する人気のスポットになっている。

青の洞窟の入口は、小さくて狭い。海に直接面した断崖絶壁の下の

マリーナ・グランデのフェリー乗り場は、いつも大勢の人で賑わっている

方に、ちょこんとついた小さな口のようなもの。海が少しでも荒れていて、波があると、洞窟内に入ることはできない。せっかく出かけていっても、洞窟に入ることができるという保証はないのである。

また、たとえ洞窟に入れたとしても、曇っていたりすると、鮮やかなブルーを見ることはできない。海が静かで、よく晴れた青い空のときのみ。すべてが、お天気次第なのである。さらに言えば、太陽光線の差し込む角度の関係で、午前中に行くのがお勧めだ。

光り輝くブルーが出現

午前八時三五分にナポリ港を出発する大型の水中翼船ジェットフォイルに乗って、カプリ島に向かった。灯台を過ぎ、港の外に出た辺りから眺めると、ナポリの街は一面、モヤッとしたガスの中にあった。ベスビオ山のシルエットは、まるでナポリ湾に浮かんでいるかのようだ。

九時半、カプリ島の港マリーナ・グランデに到着する。カプリ島とナポリを結ぶフェリー乗り場は、大勢の人で賑わっていた。

正面に見えるのは、白い岩肌の絶壁、そして傾斜地に建つ、白やパステルカラーを基調にしたリゾート別荘の建物群。ここで中型のモーターボートに乗り換え、ゆっくりと崖に沿って約二〇分、洞窟の入口まで進んでいく。

　このモーターボート内で、ドイツ人のブレックマン夫妻と知り合いになった。ブレックマン氏は六四歳。もとは船の機関士だった。退職後、約四〇〇〇万円で、全長一四m、六人乗りの船を購入し、二人で船の旅を楽しんでいる途中とのことだった。

世界中の観光客を魅了するこの島の一番の見どころ、青の洞窟

青の洞窟へ向かうモーターボートで知り合ったブレックマン夫妻

「仕事はやった。あとは自分のための人生を送る。四年間は、船に乗って、世界各地を旅行する」

と話すブレックマン氏。なんともいい表情をしていた。世界は広い。リタイアした後、こんな暮らしをしている人がいるのだ。

　青の洞窟に着くと、今度は、手漕《こ》ぎの小さなボートに乗り換える。定員は五人。洞窟の入り口付近に、順番待ちのボートが並んでいる。船頭は、洞窟に入るときは櫓《ろ》を漕いでいくが、洞窟の中では背を屈《かが》め、洞窟内に張られたチェーンを両手で手《た》繰《ぐ》って進んでいく。乗客は、船の床に腰を下ろし、頭を低くする。

洞窟の内部は広いホールのようになっている。静かだ。と突然、船頭がナポリ民謡を歌いだした。朗々とした声が洞窟内に反響する。洞窟の奥に向かって進んでいき、方向を変えたとたん、洞窟の入口が視界に入った。水面を見て、興奮。まさに、〈青の洞窟〉のブルーが、そこに出現していた。

島の中心、ウンベルト1世広場

景観を楽しみ、特産を味わう

カプリ島は、カプリとアナカプリの二地区に分かれている。観光の起点になるのは、東側のカプリ地区。マリーナ・グランデからケーブルカーに乗って丘の上へ登ると、降りた所にウンベルト一世広場がある。ここから北の方向に、マリーナ・グランデの全貌が眺められる。

広場の周りには、レストランやカフェ、土産物屋が並び、広場の裏手に、観光案内所がある。日が沈む頃、時計台のあるこの広場に人が集まり、一段と賑わいを増す。

そこから南側へ歩いていくと、アウグスト公園に出る。公園の奥に展望台があり、カプリの海を一望できる。左手の方向にトラガラ岬を望み、その先の沖合に浮かぶファラリオーニの奇岩も見ることができる。アウグスト公園の下には、人気の海水浴場マリーナ・ピッコラが広がっている。

アナカプリ地区の住宅街の路地など、まち歩きを楽しんだ後は、レストランでレモンリキュールを飲んだ。カプリ島土産にはこのレモンリキュールはもちろん、レモンから造られた品が多い。

ローマ皇帝のアウグストゥスやティベリウスも、この島を愛した。特にティベリウスはこの島に別荘を建て、そこで暮らし、帝国を治めたことで知られている。

まち歩きも楽しい

カプリ島土産には、レモンリキュールなどレモンン関連のものが多い

石灰岩でできた、白い岩肌の絶壁。点在する洞窟。青い海と、白い砂浜。温暖な気候と、豊富な自然――。白やパステルカラーを基調とした家々が建ち並ぶ、魅力あふれるこの島は、多くの人を引き付けている。

ヴァレッタ ―― マルタ共和国

地中海の要衝に築かれた城塞都市

メインストリート、リパブリック通り

小さな首都

地中海の中央、イタリア・シチリア島の南約九〇kmに位置する島国、マルタ共和国。面積は三一六km²と、東京二三区の約半分だ。そこに、四二万人の人びとが暮らしている。公用語は、マルタ語と英語。イギリス連邦の加盟国で、車は日本と同じ左側通行だ。この国のもっとも重要な産業は、観光業である。

世界史や国際情勢に詳しい方なら、この国の名を聞いてマルタ騎士団（聖ヨハネ騎士団）を連想するだろう。現代史の上では、マルタ会談の舞台でもあった。一九八九年一二月、アメリカのブッシュ大統領と旧ソ連のゴルバチョフ書記長による米ソ首脳会談が行われ、東西冷戦の終結を宣言。ヤルタ会談（一九四五年）に始まり、四四年間続いた東西冷戦は、この地で行われたマルタ会談で終結したのだ。

その首都ヴァレッタは、EU加盟国の中でもっとも小さな首都である。周囲を堡塁《ほるい》で囲まれている、聖ヨハネ騎士団がオスマン帝国の襲撃に備えて一六世紀に建設した城塞都市だ。一九八〇年には、「ヴァレッタ市街」としてユネスコの世界文化遺産に登録されている。二〇一八年の一月二〇日には、二〇一八年の欧州文化首都に正式に選出された。

ぼくは二月一日にこの観光立国に入り、三日と四日の二日間、世界文化遺産「ヴァレッタ市街」、その歴史ある街を歩いた。

トレイン型観光バス、マルタ・ファン・トレイン

メインストリートから展望台へ

ギリシャ神話の海神を象《かたど》ったトリトンの泉があるバスターミナルから、堀に架かる橋を歩いて渡る。と、橋の欄干には、欧州文化首都になったことを祝う記念の横断幕が掲げられている。

リパブリック通りが、ヴァレッタのメインストリートだ。この道が、半島の先端の聖エルモ砦までまっすぐ延びている。この通りに面して建つ、すぐ右手の建物が国会議事堂。その先にあるのが、廃墟に円柱が建ち並ぶような屋外の劇場、王室オペラ座跡である。ここは、第二次世界大戦の記憶を留めるために、イタリア軍とドイツ軍の爆撃によって破壊された王室オペラ座を、そのまま残している。

オーベルジュ・ドゥ・カスティーユ

アッパー・バラッカ・ガーデンから、北東方向を眺める

国会議事堂と劇場の間の道を右折すると、正面に勝利の聖母聖堂があり、道なりに進んで左手の、広場に面して建つ建物が、オーベルジュ・ドゥ・カスティーユ（首相官邸）である。この建物は一五七四年にスペイン・ポルトガル出身の騎士団の宿泊所として建設され、一八世紀、ピント騎士団長の時代に正面が改装されたもので、入口上部に、騎士団長の胸像がある。

その先へ歩いて行くと、アッパー・バラッカ・ガーデンがある。まずは、展望台に立ち、そこからの眺めを堪能する。眼下に広がるグランド・ハーバー、行き交う船、対岸に広がる城塞の街スリー・シティーズを一望する。展望台の北東の角に立つと、グランド・ハーバーに面して半島の先、聖エルモ砦へと続く堡塁を望む。堡塁に沿って目線を戻してくると、下に、ヴィクトリア門が見える。

アッパー・バラッカ・ガーデンは、観光客に人気の場所であるとともに、市民にとっても憩いの場だ。公園内には、一六六一年当時の柱廊が今も残る。柱廊の脇にマルタ人彫刻家アントニオ・ショルティーノ作『ガヴローシュ達（さまよえる三人の子供）』の彫像が立っている。二月四日の日中の気温は一六℃。マルタの暖かな冬の日差しの中、公園のベンチに腰掛けてランチにする。この風景が、最高のご馳走だ。

聖ヨハネ大聖堂美術館。カラヴァッジョ『巡礼者聖ヨハネの斬首』を観るために多くの観光客が訪れる

一六世紀の重厚な建物群

リパブリック通りに戻り、国立考古学博物館へ向かう。この建物は一六世紀のもので、聖ヨハネ騎士団のプロヴァンス地方出身者の宿舎だった所だ。床には十字軍の紋章が色大理石で描かれている。マルタの代表的な遺跡の一つ、世界文化遺産のハジャー・イム神殿で見た「聖なるテーブル」の実物はここにある。入り口脇の売店に、「VALLETTA European Capital of Culture 2018」と書かれ、一六世紀のヴァレッタの風景が描かれたビニール製のバッグが並んでいたので、迷わず購入。一・五ユーロ。

聖ヨハネ大聖堂は、一六世紀に建設された、騎士団の守護聖人ヨハネに捧げられた教会だ。建物の正面に向かって右手に、文字盤が

騎士団長の宮殿、兵器庫通路

三つ。中央の文字盤が時間、右下が曜日、左下が日付を表している。

建物の裏に回って、大聖堂の中へ入る。聖ヨハネの生涯一八場面などが描かれた天井の絵は、石灰岩に油絵具で直接描かれたものだ。床一面には色大理石で描かれた墓碑が敷き詰められ、骸骨が描かれたものもある。バルコニーから、中央祭壇に続く身廊の全景を眺めてから、聖ヨハネ大聖堂美術館へ。ここで多くの観光客に交じって、カラヴァッジョの『洗礼者聖ヨハネの斬首』を観る。

街のほぼ中央に建つ幅約一〇〇ｍの大きな建物が、一五四七年に完成した騎士団長の宮殿だ。現在は、大統領府と議会が置かれていて、一部のみ見学可になっている。色大理石の床、脇には甲冑が並ぶ。兵器庫通路を歩き、部屋に飾られたタペストリーの数々を眺め、壁面に描かれた、聖エルモ砦が激戦の地となった一五六五年のトルコ軍による『大包囲戦』の絵を観た。

この国の産業は、観光業がトップで、治安もいい。英語圏でもある。そのようなわけで、このところ、日本からの英語の語学研修先としても、注目されてきている。

アルル —— フランス

古代ローマの歴史とゴッホの作品の舞台

ゴッホが描いた跳ね橋。そばに『アルルの跳ね橋』の案内板が設置

物流の盛衰を示す三つの〝モニュメント〟

アルルという地名から、何を連想するだろうか。ドーデーの代表作『風車小屋だより』のなかの一編「アルルの女」は、後に戯曲や音楽作品にもなり、広く知られている。それに、晩年をアルルで過ごしたゴッホ。あの跳ね橋の絵（『アルルの跳ね橋』）を思い浮かべる人も多いようだ。

ゴッホが描いた絵のモデルとなった跳ね橋は、フランス南部プロヴァンス地方の中心都市、アルルにある。街の中心部から三㎞ほど南に行くと、アルルとポン・ド・プーとを結ぶ運河に、あの絵に描かれているのと同じ跳ね橋が架かっている。そのそばには、ゴッホの跳ね橋の絵が描かれた案内パネルが展示してある。ただし、この跳ね橋は、ゴッホが描いた跳ね橋そのものではなく、復元されたもの。橋の架かっている位置も、もともとあった場所からは少し離れた所に造られている。

それでも、この跳ね橋は、観光客に人気の場所だ。観光客を乗せた大型の観光バスが、頻繁にやってくる。復元されたとはいえ、この橋は重要な観光資源である。ゴッホの絵に描かれたのと同じ跳ね橋を見るために、多くの人がここにやってくるのだ。

南仏プロヴァンス地方を旅するとき、マルセイユを経由して南からアルルへやってくると、この跳ね橋を見てからアルルの街へ向かうことになる。ARLESと書かれた市境を示す白い道路標識のすぐ後方に、今は使われていない鉄道の線路があり、それを横切ると、その先に運河に架かる跳ね橋が見えてくるのだ。

運河と、鉄道の線路と、道路。それは当地の物流の盛衰を示す〝モニュメント〟でもある。かつての物流の中心は水運で、荷物を乗せた船が、この運河を頻繁に行き交った。その後、鉄道輸送に代わり、現在では道路を走るトラック輸送が物流の中心となった。現在でも、線路は残っているが、実は列車は走っていない。この運河も、今では観光目的にと、その役割は変わってしまった。

古代〜中世のローマ遺跡

アルルの長距離バスターミナルは、旧市街の南にある。ツアー客はここでバスを降りて、旧市街のまち歩き観光を始める。

北へ歩き始めて、路地を抜けると、そこに、エスパス・ヴァン・ゴッホがある。

エスパス・ヴァン・ゴッホは、耳を切り落とした後にゴッホが入院し、療養生活を送ったアルルの旧市立病院を改装して造られた建物だ。現在、ここにはメディアライブラリーや文化センターなどが入っている。この花壇のある中庭の絵を、ゴッホは描いている。

そこから東へ歩いて行き、アルルの中心、レピュブリック広場に出る。広場に面して、市庁舎や、一一世紀に創建されたロマネスク様式のサン・トロフィーム教会が建っている。

広場の中央に、エジプトのオベリスクが建っているが、これは、ローマ時代のアルルの円形闘技場から移築したものだ。

アルルは、ローマ時代からローヌ川河口と内陸部を結ぶ商業的な拠点として繁栄し、カエサル、アウグストゥス、コンスタンティヌスによって、さまざまな建築物が

エスパス・ヴァン・ゴッホの中庭。ゴッホが入院していた市立病院を改装、中庭も再現されている

ローマ遺跡の一つ、円形闘技場（外観）

建てられた。現在でも、アルルには古代から中世の遺跡が多く残っている。

広場から市庁舎と教会の間の道を北へ抜け、右折。二本の円柱が残る古代劇場の脇を歩いていくと、正面に二層のアーチのある円形闘技場が現れる。アルルに残る遺跡のなかでもっとも有名なのが、この円形闘技場である。

土産物屋に並ぶ闘牛のポスターや絵葉書、ガイドブックなどを眺めながら、闘技場の周りを半周すると、入口があり、その向かい側にカフェがある。その付近を描いたゴッホの絵付きの案内パネルがここにもあった。

闘技場に入り、階段を最上階まで上っていく。そこからの見晴らしが、思っていた以上に良かった。蛇行するローヌ川、アルルの全景、旧市街の街並み、レンガ色の屋根……。ここが一番だ。円形闘技場をぐるりと取り囲む環状回廊を、展望を楽しみながら歩いた。

出入り口のそばの壁に、各地にあるローマ遺跡の円形闘技場の大きさが書かれている。それによると、ここアルルの闘技場は長い方の直径が一三六m、短い方が一〇七mで一二番目の大きさだ。ちなみに有名なローマのコロッセオは第二位となっている。

円形闘技場望む、アルルの街並み

一九九一年、「アルルのローマ遺跡とロマネスク建築」が世界文化遺産に登録された。

ゴッホの人気が観光を支える

ゴッホはアルル滞在中に多くの絵を描いた。残念ながら、現在、アルルには一枚も残されてはいない。しかし、この街には、今でも、絵に描かれた場所がいくつも残っている。

フォーロム広場にも、『夜のカフェテラス』のモデルになった、黄色い壁のカフェがある。そこは、今も営業中で、観光客の人気の的だ。先にも触れたように、市内のあちこちに、ゴッホの描いた絵のコピーが展示され、モデルとなった場所を確認することができる。これが、ローマ遺跡とともに、アルル観光の魅力となり、大勢の観光客を喜ばせている。

フォーロム広場の『夜のカフェテラス』のモデルとなったカフェ

モン・サン・ミッシェル —— フランス

長い歴史の中で変貌を重ねてきた〈海上のピラミッド〉

ラ・メルヴェイユへの階段を上る

再び"島"に

「モン・サン・ミッシェルへ行きたいのですが、どのように行けばよいのでしょうか」

大学の教員時代だった一九九〇年頃から、四半世紀にわたって毎年学生たちを引率し、ヨーロッパへの研修旅行を行ってきた。ロンドンから始まり、半月余りの旅程の最後はパリに三泊。そのパリでのフリータイムのとき、冒頭のような質問をする女子学生が必ずいた。日本の若い女性たちにとって、フランス国内で行ってみたいと思う場所の一番人気は、修道院モン・サン・ミッシェルなのだ。

パリからモン・サン・ミッシェルまで、TGV（高速鉄道）とバスを乗り継いで片道約四時間、往復八時間かかる。朝八時にパリを出発し、夜、ホテルに戻ってくることになる。

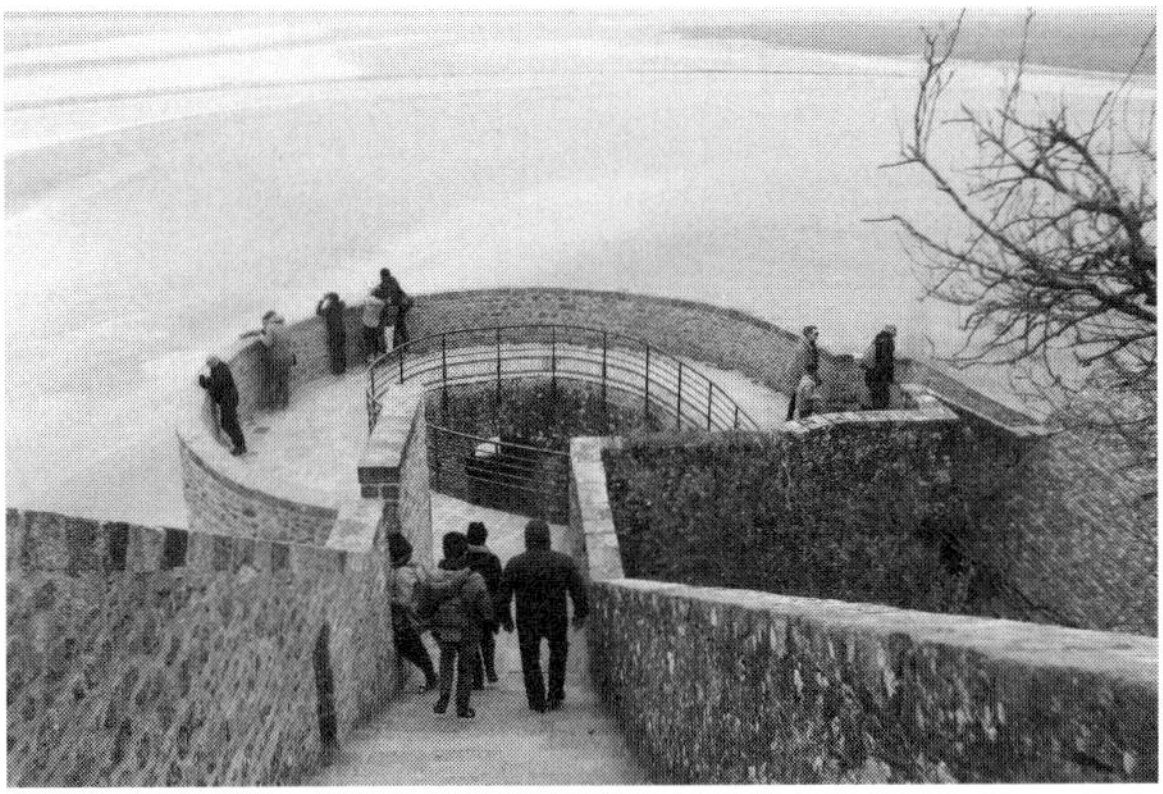

潮の満ち引きを目の当たりにする観光客

現地では、何度も写真で見てきた陸側から撮ったあの風景を、実際に目の当たりにして、カメラに収める。島に渡ると、まず最初に要塞らしさを感じさせる三つの門（ラ・ヴァンセ門、大通り門、王の門）を通過する。人ごみの街中に入ったら、栄養価が高く腹を満たせる食事として巡礼者向けに提供されたのが始まりといわれる、名物の泡立つ巨大オムレツを食べる。土産にはラ・メール・プラール社の、バターがたっぷり入ったサクサクのビスケットを購入する。このような定番コースをたどることで、モン・サン・ミッシェルの旅は満足のいくものとなる。

モン・サン・ミッシェルは、パリの西約二八〇km、ノルマンディ地方の西側に位置する、モン・サン・ミッシェル湾に突き出た岩山に建っている。潮の干満の差が大きく、もともと干潮時には陸続きになるが、満潮時には陸から離れた島となるトンボロ（陸繋島）だった。ところが一九世紀後半、対岸（陸側）のアヴランシュとを結ぶ防波堤が築かれた。

その結果、潮の干満にかかわらず、陸側からモン・サン・ミッシェルまで、防波堤の上を安全に渡ることができるようになった。しかし、この防波堤ができたことにより、潮の流れが変わってしまい、砂や泥が周囲に溜まり、この一〇〇年の間に海底が数m上昇した。

ラ・メルヴェイユ最上階の中庭を囲む回廊

そこで、もともとの島に戻すための一大国家事業が実施された。防波堤を撤去し、橋を建設して、橋の下を潮の流れが妨げられないようにしようとしたのだ。

二〇〇九年、地続きとなっていた防波堤が撤去され、二〇一四年、新たに橋が完成した。

以前は、その両側にズラリと車が駐車していた地続きの道を、車でそのままモン・サン・ミッシェルまで乗り付けることができた。だが今は、対岸から島への一般車両の通行は禁止となり、その代わりに無料のシャトルバスが頻繁に運行している。もちろん、歩いて渡ることもできる。

驚異の建築

二〇一六年の四月、モン・サン・ミッシェルに近い対岸のホテルに宿泊し、翌日、新しくなったこの橋の上を、潮の流れを見ながら歩いた。

『レ・ミゼラブル』を書いた文豪ヴィクトル・ユゴーが、〈海上のピラミッド〉と称えた、モン・サン・ミッシェル。橋を渡るとき、そのピラミッドのような形の全景を南の方向から望むことになる。

右手奥に見えるのが、「ラ・メルヴェイユ（驚異の建築）」と呼ばれる、一三世紀に建てられた三層のゴシック建築である。三階部分には中庭とそれを囲む回廊があり、回廊には繊細な円柱が二列に配置されている。二階の「騎士の部屋」は、アーチ型の天井に、柱頭の装飾が見事だ。典型的なゴシック様式で、もとは修道士が写本や細密画の制作をした部屋だ。一五世紀の後半に聖ミカエル騎士団が結成されてから「騎士の部屋」と呼ばれるようになった。

中央の建物が修道院だ。以前に見た、尖塔の上の大天使ミカエルの像は、今回、修復中なのか、囲いで覆われていた。

正面の中ほど、建物の壁に、滑り台のようなものがあるのがわかる。これは、山の上にある修道院まで、荷車に乗せて引き上げるためのもの。修道院の中にある大きな車輪を見ると仕組みがわかる。車輪の中を人が歩くことで回転させ、滑り台に沿って荷車を修道院まで引き上げるのだ。

メインストリート、グランド・リュ

城壁に囲まれた街

城壁に囲まれ、修道院のふもとに広がるモン・サン・ミッシェルの街へ入っていく。

二つの門を抜け、三つ目の門「王の門」を通って、街のメインストリート、グランド・リュへ。両側にズラリと建物が並ぶ。通りは観光客で混雑している。城壁の中に中世の街並みがそのままあり、ホテル、レストラン、土産物屋となっていて大にぎわいである。郵便局もある。グランド・リュをそのまま歩いていくと、左手に、ジャンヌ・ダルクの像を発見。モン・サン・ミッシェルは、「百年戦争」[注]とも無関係ではないのだ。

「モン・サン・ミッシェルとその湾」は、一九七九年にユネスコの世界文化遺産に登録され、二〇〇七年に範囲が変更された。また、一九九四年には、水鳥の生息地として国際的に重要な湿地に関する自然保護を目的とする国際条約、ラムサール条約に登録されている。自然環境も貴重なエリアだ。世界遺産の厳島《いつくしま》神社とラムサール条約湿地がある広島県の廿日市《はつかいち》市とは、観光友好都市の関係にある。

八世紀初頭に起源を持ち、一〇世紀半ばから一八世紀まで増築が続けられ、修道院、ときに要塞、監獄と大きな歴史の流れの中で姿を変えてきたこのモン・サン・ミッシェルを、今、世界中から年間三〇〇万人近い人々が訪れる。

※注　一四〜一五世紀にわたって、フランスとイギリスの間で一〇〇年余り続いた戦争。モン・サン・ミッシェルは英仏国境の要塞として利用され、ジャンヌ・ダルクはフランスの救世主とされる。

オンフルール —— フランス

芸術家に愛されたセーヌ川河口の港町

ノルマンディー地方らしい木組みの家々が続く旧市街

印象派のふるさと

『睡蓮』の絵で有名なフランス印象派の画家モネは、少年時代をフランス北部セーヌ川河口の街、ル・アーブルで過ごした。クロード・オスカール・モネは一八四〇年、パリの下町・ラフィット街に生まれたが、父親の仕事が行き詰まり、生計の手段を求めて、一家でノルマンディー地方のル・アーブルに移住したのだ。このことが、モネには幸いした。

ここは、英仏海峡に面した、海と太陽、明るい光に満ちた土地。この地で自然の息吹を浴びながら育ったモネ少年は、自分の周りの大人たちを観察し、彼らの姿を描くようになり、その特徴をとらえた絵は好評だった。

やがて、転機が訪れる。セーヌ川左岸、対岸の街オンフルールで、大自然を観察し、写生することを教えてくれた最初の師ウジェーヌ・ブーダンと出会ったのだ。

オンフルール、一八二四年生まれのブーダンは、戸外で自然を観察し描写することを大切にノルマンディーの自然を描き続け、コローによって「空の王者」と呼ばれた、いわば印象派の先導者ともいえる画家だった。

ブーダンは、モネ少年を写生に誘い、海、風、光など自然を観察することの大切さを伝え、風景を描くことを、実地で誠意をもって教えた。現在、この街の旧市街には、ウジェーヌ・ブーダン通りがあり、ウジェーヌ・ブーダン美術館もある。

旧市街の広場に、ブーダンとモネの二人がこの街を描いた絵について、写真付きで説明したパネルが展示されている。

オンフルールの旧市街を歩いてこの絵の前に立つと、そこに描かれている、同じ風景を実際に見ることができることに感激する。これも、この街の観光の魅力の一つだ。

サガンとサティ

小説『悲しみよこんにちは』や『ブラームスはお好き』で有名なフランスの女性作家フランソワーズ・サガンは、二〇〇四年、ここオンフルールの郊外の病院で亡くなった。

もう一人、忘れてはならないのが、作曲家エリック・サティのことだ。サティは、パリ音楽院に入学したが、教育方針に反発して、退学。シャンソン酒場でピアノ弾きになり、『グノシエンヌ』など、それまでにない、ユニークでさまざまな曲を生み出した。ジャン・コクトーやドビュッシー、ピカソなどとも交流があったサティは、一八六六年、オンフルールに生まれた。

以前、数度、この街を訪れたが、ぼくがオンフルールの街を歩いてみたいと最初に興味を持ったのは、エリック・サティの音楽を聞いていたからである。久しぶりに、二〇一六年四月、暖かな春の日差しの中、オンフルールのまち歩きを、ゆっくりと楽しんだ。

港町らしく、港に面した広場には巨大な碇がモニュメントのように置かれている

にぎわう教会前広場と静かな旧市街

港町、オンフルール。港に面した広場に、碇《いかり》が置いてある。マーケットの露店に並ぶ新鮮な海の幸。そこでは、新鮮な魚をさばいて売っている。オンフルールの案内地図を見て、市庁舎の前を歩き、旧港の辺《ほとり》に立つ。

印象派の画家たちに描かれた明るく美しい、オンフルールの旧港、ヨットハーバー、記念写真を撮る家族連れの観光客。

港に面した旧市街の建物群のバック

新鮮な魚をさばいて売っているマーケットの露店

に、この街のランドマーク、サント・カトリーヌ教会の塔が眺められる。この教会は、フランス最古、最大の木造教会。一五世紀、百年戦争のときに破壊された教会を再建するにあたって、経済的な理由から木を材料に建てられた。造ったのは船大工たち。そのため、教会内部の天井は船底をひっくり返したような形をしている。モネやブーダンら多くの画家によって描かれた隣に建つ鐘楼も、木造だ。

教会前広場のマーケットに並ぶのは、野菜類、リンゴから造る酒・シードルほか名産品の数々、中世の時代の様子を描いた絵地図、土産物屋の絵葉書……。眺めていると、つい買ってしまう。それが、楽しい。カフェのにぎわい、これも、いい。

観光客でにぎわうこの広場に対して、旧市街は静かだ。案内表示を参考に、旧市街をのんびり、

旧港で記念写真を撮る家族連れの観光客

サント・カトリーヌ教会

気ままに、散策する。路地には、ノルマンディー地方らしい典型的な木組みの家々が続く。そこに、実際に人々の暮らしがある。

モン・ジョリの丘で昼食を

モン・ジョリの丘からの眺め。オンフルールの街並みの向こうに、ノルマンディー橋を遠望

今回も、モン・ジョリの丘に上り、展望を楽しむことにする。モン・ジョリの丘は、旧市街の中心から約四km、歩いて一時間ほどのところにある、手ごろな散策コースだ。観光客だけでなく、オンフルールに暮らす人にとっても、人気の場所となっている。丘の上には可愛らしいノートルダム・ド・グラス礼拝堂がある。

この丘の上からはオンフルールの街の全景を展望することができる。街の先、奥に見えるつり橋は、セーヌ河口に架かるノルマンディー橋。一九九五年に完成したこの橋は、支柱から支柱まで八五六mある。風の強い土地柄、風の影響をほとんど受けない構造で造られたとのことだ。オンフルールと対岸のル・アーブルとの間を、それまでかかっていた時間の三分の一に短縮、一五分で結んでいる。

風景を楽しむには、ちょっと逆光気味だが、時間は午前一一時過ぎがいい。この展望をご馳走に、ちょっと早めの昼食だ。春の暖かな日を正面から受け、丘の上のベンチに腰を下ろし、港の露店で買った魚の刺身、教会前の広場で買ったパンに果物、それに、ワインを少々。

オンフルール観光には、こんな素敵な楽しみ方もある。

バルセロナ —— スペイン

芸術が街中にあふれるスペイン第二の都市

スペイン一の集客スポット、サグラダ・ファミリア聖堂

スペイン北東部、地中海に臨むカタルーニャ自治州の州都バルセロナは、マドリードに次ぐスペイン第二の都市。一九九二年に開催されたバルセロナオリンピックを機に、競技会場や選手村の跡地では開発が進み、今では二棟の高層ビルを中心に、ゆったりとしたヤシの並木のプロムナードに沿ってシーフードレストランやカフェが立ち並ぶ、バルセロナ市民の憩いの場所となっている。ここにはヨットハーバーやカジノもあり、海外から訪れる観光客にとっても人気のスポットだ。

スペインの観光名所として有名なアルハンブラ宮殿やプラド美術館を抑えて、現在、国内でもっとも観光客が多く訪れる場所は、バルセロナにあるサグ

サグラダ・ファミリア聖堂

ラダ・ファミリア聖堂である。ぼくは一九八〇年以来、何度もこの地を訪れているが、オリンピックが開催された頃には、まだ完成前の聖堂内部へ入るのに行列に並ぶことなく、塔にもすぐに上ることができた。しかし、二〇一六年五月に訪れたときは大違い。ここを訪れる観光客のあまりの多さに驚いた。

一九世紀末にフランスで興った芸術運動、アールヌーボーと同じような芸術運動がカタルーニャ地方でも興った。それを、モデルニスモという。モデルニスモを代表する建築家が、アントーニ・ガウディである。

一九八四年、カサ・ミラ、グエル公園、グエル邸の三件が「アントニ・ガウディの作品群」として、世界文化遺産に登録された。その後、サグラダ・ファミリアの一部（ガウディが完成させた東側の「生誕のファサード」と地下聖堂）とカサ・バトリョなど四件が、二〇〇五年に追加登録された。

ガウディ建築の一つ、カサ・ミラ

サグラダ・ファミリア西側の「受難のファサード」はガウディが亡くなった一九二六年以降に建設されたもの。また、聖堂内部が完成したのは二〇一〇年のことで、完成後、ローマ法王ベネディクト一六世がここを訪れて正式にカトリックの教会として認定された。

サグラダ・ファミリアはアントニ・ガウディの死後一〇〇年目に当たる二〇二六年の完成を目指して、現在も工事が進められている。

歩いて楽しいランブラス通り

バルセロナの中心は、カタルーニャ広場だ。

ここから北は、土地の人に「レシャンプレ」と呼び親しまれている新市街である。広場の東側に接して南北に真っすぐ延びる通りは、都市計画に基づいて線引きされたグラシア通り。ガウディのカサ・バトリョ、カサ・ミラは、この通りに面して建っている。

歩いて楽しいのは、広場の南西からコロンブスの塔までのおよそ一・五km。人のための大通り、ランブラス通りだ。道の中央はプラタナスの生い茂る歩道になっていて、両側に車道を従えている。

カタルーニャ広場から、花屋、鳥屋、土産物屋、カフェ、レストランなどを見ながら、ゆっくり南へ歩いていく。すると、所どころ、歩道の中央に、バルセロナ生まれの現代画家ジョアン・ミロのカラフルなモザイク絵が現れる。

ランブラス通りの歩道にあるミロのモザイク絵

ランブラス通りの中ほど、通りに面して西側に、サン・ジュセップ市場がある。同じヨーロッパでも、ロンドンやパリでは市場は街の中心部から郊外へと移転してしまったが、スペインでは、まだ、街の中にある。ここには、魚、肉、野菜、果物、チーズ、ハム……、食卓に並ぶものなら何でもそろっている。

リセウ劇場を通り過ぎ、その先を少し行ったところで、左折。つまり、ランブラス通りから路地を東へ、市内でもっとも早くから開けたゴシック地区に入っていくと、

ガウディ初期の傑作、レアール広場のガス灯

回廊のある建物の奥に、レイアール広場がある。

広場に立っている鉄兜《かぶと》をモチーフにしたこのガス灯が、建築家ガウディの初仕事だった。バルセロナ市の依頼を受けて、一八七九年に完成した、ガウディ初期の傑作だ。

日曜日、この広場を取り囲む建物の回廊で、切手市が開かれる。以前ここで買った、ジャン・ギャバン、カトリーヌ・ドヌーブ、ソフィー・マルソーなどフランスの俳優が映画の中で電話をかけているワンシーンが載ったテレフォンカードは、今も、ぼくの旅の記憶として大切に保存してある。

強まる日本との結びつき

街の南西部に、標高約一七〇mのモンジュイックの丘がある。ここは一九二九年の万博を機に開発が進み、バルセロナオリンピックのメイン会場にもなった。丘の途中に、民族舞踏サルダーナを踊る人たちの群像がある。

モンジュイックの丘の頂上の城跡から港を望む

丘の上の展望台からは、左手の方向にサグラダ・ファミリアが見え、正面東の方向すぐ下に、港の全景が眺められる。港には、世界各地からやってくる大型のクルーズ船が停泊していることもある。

バルセロナは、ピカソ、ミロ、ダリといった芸術家とのゆかりも深い。彼らの名を冠した美術館もあり、これも観光客にとっての大きな魅力となっている。

日本との結びつきも強い。神戸市とは姉妹都市関係にあり、日産自動車の生産拠点もある。当地に本拠を置くサッカーの世界的強豪クラブFCバルセロナと日本のネット通販大手の楽天が、二〇一七年度から四年間スポンサー契約を結ぶことになった。日本においてもますます注目度が高まりそうだ。

サンティアゴ・デ・コンポステーラ ── スペイン

イベリア半島最西端の
キリスト教三大巡礼地

アラメダ公園の遊歩道から望むカテドラルの尖塔

〝サンティアゴ〟が眠る街

スペイン北西端の街、サンティアゴ・デ・コンポステーラ。中世以来、ヨーロッパの巡礼の聖地として有名なこの街は、中世の時代、ガリシア王国の首都だった。現在はガリシア自治州の政治の中心地である。

ぼくは、以前、『スイス道紀行』（芦書房：一九九七年）を出版した。この本は、サンティアゴ・デ・コンポステーラへ向かう巡礼路のうちの一本で、現在のスイス国内を通る、ドイツとの国境の街コンスタンツからフランスとの国境の街ジュネーブまでの巡礼路を実際に訪れてまとめたもの。その後、いつか訪れたいと思っていた最終目的地サンティアゴ・デ・コンポステーラへの旅が実現したのは、二〇一八年一一月下旬のことだった。

キリストの一二使徒の一人、聖ヤコブ（スペイン語でサンティアゴ）はスペインでのキリスト教伝道の旅の後、パレスチナで殉教し、その遺体はスペインに運ばれ埋葬されたといわれていた。その墓が、この地で八一三年七月二五日に発見された。その場所には後に聖堂がつくられ、修道士や入植者が住み始め、街ができ、ヨーロッパ各地から巡礼がやってくるようになった。

聖ヤコブが眠るサンティアゴ・デ・コンポステーラは、エルサレム、ローマとともに、キリスト教三大巡礼地の一つとなっている。この街の旧市街は一九八五年「サンティアゴ・デ・コンポステーラ」として世界文化遺産に登録された。また、スペイン北部を東西に貫き、イベリア半島の最西端にある巡礼地サンティアゴ・デ・コンポステーラにつながる約八〇〇kmの聖なる道も、一九九三年、「サンティアゴ・デ・コンポステーラの巡礼路」として世界文化遺産に登録された。

歓喜の丘に立つ巡礼者の像。指さす先には、最終目的地、サンティアゴ・デ・コンポステーラのカテドラルが見える

この巡礼の道を歩いてきた巡礼者がサンティアゴ・デ・コンポステーラの街を初めて目にするのは、モンテ・デル・ゴーソ（歓喜の丘）に立ったとき。巡礼者はここで初めて、聖ヤコブが眠るカテドラルの姿を見ることができる。その歓びは大きかったに違いない。

今、この丘には、街の方向を向いた二人の巡礼者の像が立っている。像の隣に立つと、家並みの中に、カテドラルの尖塔がはっきりと認識できる。像の後方、数十m離れた所には、「日本スペイン交流四〇〇周年」と日本語で刻まれた記念碑もある。

街の中心は、巡礼の最終目的地、カテドラルだ。カテドラル内をゆっくり見学してから、見どころが集中している旧市街のまち歩きを楽しんだ。

街の中心、カテドラル

巡礼者たちは、通称「巡礼の門」を通って、巡礼路のゴール、オブラドイロ広場に入った。広場は石畳になっている。その北東の角の地面に、ホタテ貝の印。ホタテ貝は聖ヤコブの象徴だ。杖や帽子に付けられたホタテ貝の貝殻は巡礼者の証であり、建物などに飾られた貝殻の印は、巡礼ルートの道しるべになった。

オブラドイロ広場の北東の角で発見した、石畳に埋め込まれたホタテ貝のプレート

カテドラルは広場の東側に建っている。オブラドイロと名付けられたカテドラル正面上部のアーチには、手に杖を持つ巡礼者姿の聖ヤコブ像が立ち、巡礼者を温かく迎えている。

中へ入ると、中央に、聖ヤコブの墓の上につくられた主祭壇がある。この祭壇は一七世紀半ばに、ローマのサン・ピエトロ大聖堂をモデルに改築されたものだ。祭壇の右側の階段を上り、聖ヤコブの像の裏に回り、後ろから像に触れてみた。その後、祭壇の左横にある階段を下りて、地下礼拝堂へ。ここで、聖ヤコブの棺を拝む。

身廊に立ち、見上げると、無数の天使像で飾られたバロック様式の、荘厳な一対のパイプオルガンがある。懺悔《ざんげ》する何人もの人々の姿、それに観光客。交差廊で行われていた子どもたちによる演奏会に耳を傾けながら、カテドラル内での時を過ごした。

カテドラル裏側には、キンターナ広場に面した「聖なる門」。この門が開かれるのは、聖ヤコブの祭日（七月二五日）が日曜日と重なる年のみで、次回開門されるのは二〇二一年となる。

オブラドイロ広場に面して建つカテドラル

カテドラルの交差廊では、子どもたちによる演奏会が行われていた

旧市街での発見、感動

オブラドイロ広場を挟んでカテドラルと対面する建物は、一八世紀に建造されたラホイ宮殿で、現在は市役所となっている。広場の北側には五つ星の国営ホテル、パラドール。カトリック両王（イザベルとフェルナンド）時代に起工され、一七世紀に完成した、巡礼者の宿泊施設兼病院だった建物だ。

その反対側、広場の南方には

古い街並みが続き、落ち着いた雰囲気を醸し出す旧市街

旧市街の古い街並みが続き、通りには、レストランや、観光客相手の土産物屋が並ぶ。通りを歩いていると、満面の笑顔の女性から「アーモンドクッキーはいかが」と声をかけられた。アーモンド菓子はこの街の名物だ。

旧市街を歩くと、そこここで巡礼者の姿、それにホタテ貝の印と矢印が描かれているのを見かける。観光案内所のマークにもホタテ貝がデザインされている。また、石畳の道のマンホールにも、ホタテ貝やカテドラルがデザインされているものもあった。巡礼者の街であることを実感させる。

サン・マルティン・ピナリオ修道院のファサードの聖ヤコブ像。旧市街の南、ガリシア広場に立つ、地元で有名な二人のマリア像。その西に広がるアラメダ公園内の遊歩道から眺めるカテドラルの姿……。さまざまな発見、そして、感動の旅だった。

巡礼者の数は最盛期の一二世紀には年間五〇万人を数えたといわれる。また、この道は商人や職人も行き交うことから、ヨーロッパの文化交流の拠点ともなった。現在、日本でも、観光ツアーが企画されるようになっている。

アルハンブラ宮殿 —— スペイン

イスラム文化の贅を尽くした宮廷都市

ヘネラリーフェの庭園から眺めるアルハンブラ宮殿

三十数年ぶりの再訪

スペイン南部、アンダルシア地方の中心都市グラナダは、一四九二年にフェルナンド、イサベル両王が率いるキリスト教軍に包囲されて陥落するまで、イベリア半島最後のイスラム王朝であるナスル朝の都だった。その王宮が、アルハンブラ宮殿である。

このアルハンブラ宮殿を、三十数年ぶりに、二〇一六年の五月と一二月の二度、訪れた。

水をふんだんに利用した景観、緑があふれ、色とりどりの花が咲く庭園、鍾乳石飾りの天井、アラベスク文様など、イスラム文化の象徴的な美の数々を、初めて訪れたときの記憶をたどりながら見て回った。特に強く印象に残っていたのは、アーチ窓を通して眺めるダーロ川を挟んだ対岸のアルバイシン地区と、その右手に広がるサクロモンテの丘だった。記憶の中の風景と現在の姿が変わっていないことに感動し、ホッとした気持ちになった。

この、サクロモンテの丘を舞台に撮影された、フラメンコ・コミュニティーの歴史と記憶を探るドキュメンタリー映画『サクロモンテの丘〜ロマの洞窟フラメンコ』（二〇一四年）には、対岸の丘の上に建つアルハンブラ宮殿の姿が、たびたびスクリーンに映し出される。

建築の美の数々

アルハンブラ宮殿は、西の要塞「アルカサバ」、中央の王宮「ナスル宮殿」と「カルロス五世宮殿」、それに東の「ヘネラリーフェ離宮」から成っている。ヘネラリーフェ離宮へ行くには、チケット売り場から糸杉の並木道を真っ直ぐ北へ歩いていく。他の三棟は、左の道を行くことになる。

まずは左の道を行き、一三四八年に建てられた馬蹄形の「裁きの門」をくぐって城壁の内側へ入った。

コラレータと呼ばれる広い通路を歩いていくと、左手に、アルカサバが現れる。

アルカサバは、すでに九世紀には存在していたとされ、一三世紀に増・改築された要塞の跡で、アルハンブラ宮殿内ではもっとも古い部分。今は廃墟となった要塞の内部に入り、兵士たちの浴場跡も残っている「アルマスの広場」を眺めながら、王宮へ向かう。

アルハンブラ宮殿の心臓部ともいえるナスル宮殿は、「メスアール宮」、「コマレス宮」、「ライオン宮」の三つに分かれている。

見学は、「メスアールの間」から始まる。壁面の絵タイル。細かいアラベスク模様。ここが現存する宮殿の中ではもっとも古い箇所で、木組みの天井に、当時のオリジナルが残っている。この部屋の奥のアーチ型をした見晴らしのきく窓から、アルバイシン地区の変わらない白い家並みの風景がよく見渡せる。

「メスアールの中庭」から、白大理石のファサードを通って、宮殿の中心部、「コマレス宮」へ向かう。そこには「アラヤネスの中庭」があり、細長い池がある。この池の北側からは、水鏡に映る南柱廊の姿が見え、南側に立つと、「コマレスの塔」の姿が映る。誰もが写真を撮りたくなる眺めだ。

アラヤネスの中庭の池と、水鏡に映るコマレスの塔

コマレスの塔の中に「大使の間」がある。王への謁《えっ》見《けん》などの公式行事が行われていた部屋で、手の込んだ豪華なモザイクが天井にまで施されている。

コマレス宮の先にあるのが「ライオン宮」。この建物の「二連窓」の様式は、後にロマネスク建築やゴシック建築に取り入れられたといわれる。ムハンマド五世が一四世紀に造った「ライオンの中庭」の中央に、一

中央に12頭のライオン像の噴水があるライオンの中庭

二頭のライオン像の噴水がある。中庭の周りを、一二四本の大理石の円柱が取り囲んでいる。

ライオンの中庭に面して、東側に「諸王の間」があり、北側に、天井の鍾乳石飾りが精密で見事な「二姉妹の間」がある。

この部屋の奥が、「リンダラハの中庭」に面したリンダラハのバルコニー。そこに立ち、見上げると、木の枠組みの中に色ガラスがはめ込まれているのがわかる。

改めて、エキゾチックな意匠、細密な装飾の美を堪能した。

ライオンの中庭の東にある諸王の間

アービングが〝発見〟

庭園にはバラの花が多い。イスラム文様に形作られた植栽もある。バラの花々が咲く「パルタル庭園」を散策。モスクのあった場所に建つ、キリスト教徒によって建てられた「サンタ・マリア・アルハンブラ教会」の鐘楼が見える。この教会の西に建つルネッサンス様式の建物は、カルロス五世宮殿で、現在、一階は博物館、二階は現代美術館になっている。

庭園に咲き乱れるバラの花

宮殿の庭園を象徴するアセキアの中庭

ヘネラリーフェ離宮は水と緑と花に囲まれている。シェラネバダ山脈の雪解け水を利用して造られた「アセキアの中庭」は、土地の高低差を利用して水路（アセキア）の両側に並んだ噴水から水がアーチ状に噴出している。

無骨な城壁の内側に広がる美しい都の跡……。

ナスル宮殿の一角に、米国人作家アービングが一八二九年に滞在した部屋がある。後にアービングは『アルハンブラ物語』を発表、それまで荒れ果てていたアルハンブラ宮殿は世界の注目を浴びることとなり、現在ではスペイン有数の観光地となった。世界文化遺産「グラナダのアルハンブラ、ヘネラリーフェ離宮、アルバイシン地区」（一九八四年に登録、九四年に範囲拡大）を見るために、世界中から多くの観光客がやってくる。

ポルト —— ポルトガル

大航海時代が幕を開けた港町

ポルトの玄関口、サン・ベント駅構内は、ポルトにまつわる歴史的な出来事が描かれたアズレージョが飾られている

アズレージョに描かれた歴史

東から西へゆったりと流れ、大西洋に注ぎ込むドウロ川。その河口に位置するポルトは、首都リスボンに次ぐポルトガル第二の都市である。この街はローマ時代、ポルトゥス・カレ（カレの港）と呼ばれた所で、国名ポルトガルの由来ともなった。この街の観光スポットは、中世の街並みが残る見どころ満載の旧市街（ドウロ川右岸）と、ワイナリーが並ぶ川べりのヴィラ・ノヴァ・デ・ガイア（ドウロ川左岸）の二つの地域に分かれる。

クレリゴス教会、カテドラル、ボルサ宮、サン・フランシスコ教会などを含む旧市街地区は、一九九六年、「ポルト歴史地区」としてユネスコの世界文化遺産に登録された（二〇一六年に登録範囲の変更なしで「ポルト歴史地区、ルイス一世橋およびセラ・ド・ピラール修道院」に名称変更)。二〇〇一年にはヨーロッパ文化首都にも選ばれている。

この街の中心部に位置するサン・ベント駅構内のホールに初めて入ったとき、壁一面に飾られた、白地に青で描かれたアズレージョ(装飾タイル)の見事さに圧倒された。ジョアン一世のポルト入場、ジョアン一世の子、エンリケ航海王子が中央に描かれたセウタ攻略……。リスボンにある「発見のモニュメント」の先頭に立つエンリケ航海王子は、ここポルトに生まれた。一四一五年、アフリカ大陸北西端のセウタ攻略は、ヨーロッパの他の国に先駆けて大航海時代の先陣を切るもので、その遠征に貢献したのがポルト市民だった。エンリケ航海王子の指揮のもと、ポルトの造船所で造られた船が、この街から出航したのだ。

ブドウの収穫や、ワイン樽を積んだドウロ川に浮かぶラベーロ(帆船)が描かれたものもある。ポルトガルを代表するアズレージョ画家ジョルジェ・コラコが一九三〇年に制作したこのアズレージョを一つひとつ見ていき、ポルトにまつわる歴史的な出来事を再確認してから、ポルトの街歩きを楽しむことにする。

ドン・ルイス一世橋の眺めは必見

街の中心リベルダーデ広場から西へ向かう通りを上ると、クレリゴス教会のバロック様式のファサードが正面に現れる。クレリゴスの塔は高さ七六m。ポルトガルで一番高い塔だ。狭い石段のらせん階段を歩いて上り、塔の上からの展望を楽しむ(五ユーロ)。

エンリケ航海王子広場の中央に、白亜の台に立つエンリケ航海王子の像。広場の西側に、一九世紀に建てられたネオ・クラシック様式の荘厳なボルサ宮。その南には、サン・フランシスコ教会。教会の内部は金箔を貼ったさまざまな彫刻で覆われている。なかでも有名なのが、「ジェッセの樹」と呼ばれるキリストの系図だ。内部の写真撮影は禁止なので、絵葉書セットを購入する(三ユーロ)。

ドン・ルイス一世橋の眺めも見ておきたい。行き方は、サン・ベント駅前の初代国王の名前の付いたアフォンソ・エンリケス大通りを左の方へ。すぐ右手に、街を見渡す丘が現れる。その上に建つバロック様式の二つの塔のある建物はカテドラルである。その先へさらに歩いていくと、ポルトを代表する二重構造の橋、ドン・ルイス一世橋に出る。市街地では地下を走っていたメトロD線の新型のライトレールが橋の手前で姿を現し、橋の中央部を通る。橋の両側が歩道になっている。

ドウロ川の岸辺から見上げるように眺める橋のある風景もいいが、橋の上から見るこの眺め、展望は素晴らしい。必見だ。

一八八六年にフランスのエッフェル塔設計者の弟子によって建てられたこの橋も、世界文化遺産に登

クレリゴスの塔は高さ76m。ポルトガルで一番高い塔だ。石段を上って、塔の上からの展望を楽しめる

ドウロ川に架かるドン・ルイス１世橋

クレリゴス教会の塔の上から見るサン・ベント駅

録されている。

ポートワインの本場でワイナリーを見学

ドン・ルイス一世橋の上流側の歩道を歩き始める。橋の手前、左手に一四世紀に造られた市壁があり、その市壁の外側（上流側）をケーブルカーが走っている。橋の真ん中ほどでメトロの線路を渡り、今度は下流側の展望を楽しむ。ドウロ川右岸の丘の上に、旧市街の街並み。川に面したカイス・ダ・リベイラ地区にはレストランが立ち並んでいるのがわかる。左岸はヴィラ・ノヴァ・デ・ガイア地区。岸辺にはワイナリーが並び、川面にはワイン樽を積んだ小型のラベーロが浮かんでいる。

　ポルトの名産物の代表は、ポートワイン。ドウロ川の上流域で栽培されたブドウを原料とし、独特の製造法で作られた甘味酒のブドウ酒は、一七世紀、特にイギリスの貴族の間で食後酒としてもてはやされた。ヨーロッパ諸国へ渡った積出港のポルト（英語名はポート）にちなんでポートワインと呼ばれ、有名になった。今、ドウロ川左岸にポートワインのワインセラーが並んでいる。

　二〇一八年の一一月末、そんなワイナリーの一つ、一七九〇年創設

ドウロ川に浮かぶ、ワイン樽を積んだラベーロ

サンデマンのワインセラー内にずらりと並ぶワイン樽。床はワイン樽と同じ材が使われている

んな風景が広がっている。

のワインセラー、サンデマンを見学した。

ワイナリー入口の外壁に川の水位がどこまできたかが刻まれている。洪水の歴史だ。

まずは、ポートワインの歴史について、映像を見ながら日本語での解説を聞く。その後、ワインセラーの見学。サンデマンのトレードマーク、黒マントとソンブレロ姿の女性係員が観光客に英語で説明してくれる。ずらりと並ぶワイン樽。床は、ワイン樽と同じ木でできている。「ワイン樽を転がすときに傷めないように」とのことだ。見学の後は二種類のポートワインの試飲だ。最後は、売店で買い物。さまざまな関連グッズの土産物が並んでいる。

ワイナリーの周辺には、観光客相手の露店も並んでいる。ドウロ川に浮かぶラベーロ、その向こうの対岸にはカイス・ダ・リベイラ地区のレストラン群。その上の高台に、世界文化遺産の旧市街。そ

ストラトフォード・アポン・エイボン —— イギリス

中世の雰囲気そのままの、シェイクスピアゆかりの街

シェイクスピアの生家

訪れる観光客は人口の二〇倍

『ロミオとジュリエット』『マクベス』『リア王』『ベニスの商人』……、これらを書いた世界的に著名なイギリスの劇作家。その作品は舞台で演じられるだけでなく、映画やテレビドラマ化され、学校で英語のテキストにも使用されている。ウィリアム・シェイクスピアという名前は、多くの日本人にとっても馴染み深い。

イングランド中部、ウォーリックシャーのエイボン川に面した、「エイボン川の辺《ほとり》のストラトフォード」という意味の、ストラトフォード・アポン・エイボン。ここが、シェイクスピア生誕の地である。

ぼくがこの街を初めて訪れたのは、一九七九年の夏のことだった。その後も何度か訪れ、二〇一七年の一二月初めには、クリス

王立シェイクスピア劇場

シェイクスピア像が立つ、運河に面した庭園

マスの飾り付けが見られる街の風景を楽しみながら、宿やレストラン、土産物屋など木組みの家々が立ち並ぶ、中世の街なかにいるような旧市街のメインストリートや路地を歩いた。

最初にこの街を訪れたとき、エイボン川に向かってブリッジ・ストリートを歩いて行くと、正面にシェイクスピアの銅像が見えてきた。庭園に立つシェイクスピア。その背景には色とりどりの花や緑濃い木々、水量豊かなエイボン川や運河、さらにその向こうに王立シェイクスピア劇場のレンガ造りの建物。季節によって周辺の風景には違いがあるが、今でもこのシェイクスピアの銅像を見ると、この街にやってきたのだ、と強く思う。

エイボン川と運河の交わる所は二つの水門によって水位調節がなされ、その上に小さな橋が架かっている。夏の観光シーズンにエイボン川を行く遊覧船に乗り、この二つの水門の間に差し掛かると、小さな橋の上は遊覧船を眺めようとする観光客でいっぱいになる。

訪れる観光客は、人口の約二〇倍、年間五〇万人ほど。その多くが夏にやってくるため、その時期はヘンリー・ストリートに面したシェイクスピア生誕の家には長い行列ができる。ここをゆっくり見学するなら、夏を避けるのがベストだ。

シェイクスピアの生家と墓所

シェイクスピアは、一五六四年に生まれた。父は、羊毛を商うジョン・シェイクスピア。この地で育ち、一八歳のときにアン・ハサウェイと結婚、その後ロンドンに出た。シェイクスピアの劇作家としての活躍はロンドンに出てからで、財を成し、引退した後、このストラトフォード・アポン・エイボンに戻ってきた。晩年をこの生誕の地で暮らし、この街で亡くなった。享年五三歳。

墓は、ホーリー・トリニティー教会にある。教会に入り、三ポンド（約五〇〇円）払って、内《ない》陣《じん》に進むと、そこにシェイクスピアとその身内の墓が並んでいる。シェイクスピアの墓の左に妻アン・ハサウエイの墓がある。

エリザベス朝時代の様式を持つ、シェイクスピアが生まれた木組みの木造の建物は、のちに何度か修復作業が行われたが、現在でも、当時の特徴をそのままに残している。一階の居間の天井は垂木《たるき》造りで、室内の壁は、太いしっかりした木材で縁取られている。居間のすぐ上が、シェイクスピアの生まれた部屋。やはり木材で縁取られた白い壁のその部屋は、天井が低く、ベッド、椅子などの家具から当時の生活の様子が想像できる。

統一感のある景観

ストラトフォード・アポン・エイボンは、歩く街だ。街中の案内地図もわかりやすい。通りに面した建物の壁には、通りの名が書かれたプレートが貼ってある。それらを見ながら、位置を確認できる。気になる店があったら、躊躇なく入ろう。

旧市街の北西にある有料駐車場から出て、左へ歩いて行くと、道化師の像がある。この像の台座の周りには、シェイクスピアの四作品の中の言葉が刻まれている。ここから、右手に始まる通りが、ヘンリー・ストリート。旧市街観光のメインストリートだ。ヘンリー・ストリートを歩いていくと、通りに面して左に、シェイクスピアが生まれた家がある。

この街を歩いていると、いつも、景観が大事にされていると思う。伝統的な歴史ある建物、街全体に統一感があり、落ち着くのだ。

道化師の像。ここからヘンリー・ストリートが始まる

マクドナルドの看板も、ここでは赤でなく、黒だ。木組みの家は黒と白のモノトーン。木の部分が黒く塗られ、壁が白である。石造りの建物は、自然の石の色、赤系と茶系の色だ。赤い色をしているのはポストと電話ボックス。

フランスの大型ホテルチェーンであるアコーグループのメルキュールもある。当地ではシェイクスピアの名を冠し、木組み造りの建物の外観はそのままに修復し、内部は快適な空間に改装して、この街の景観に配慮したホテルとして営業する。

街灯、ギルドホールの説明板、エイボン川と白鳥がデザインされた紋章、ローカルな劇場の看板や記念切手に描かれたシェイクスピアの肖像、趣のある小さな宿屋。観光客を乗せた市内観光バスも、ゆっくり、ゆっくりと、走っていく……。

赤いポストと電話ボックス。ポストにはシェイクスピアの記念切手の案内が

街並みにマッチした雰囲気のある街灯

ストラトフォード・アポン・エイボンは、シェイクスピアを前面に打ち出し、彼の生きた中世の雰囲気を保ちながら、世界中から観光客を集めている。

コッツウォルズ地方 —— イギリス

誰もが「一度は行ってみたい」と願う、イギリスの代表的な田園地帯

「コッツウォルズのベニス」とも呼ばれるボートン・オン・ザ・ウォーター。ウインドラッシュ川に沿う道を歩く人びと

三五年前と変わらない風景

ロンドンから西へ車で二時間ほど行った標高約三〇〇ｍのコッツウォルド丘陵には、まるで絵本の中に出てくるような中世そのままの小さな田舎の村が点在している。ここ「コッツウォルズ」では、まさに、イギリスの田舎の原風景を見ることができるのだ。

芸術家で思想家でもあったウィリアム・モリスに「イングランドでもっとも美しい村」と賞賛された、コロン川沿いの小さな村、バイブリー。清流ウィンドラッシュ川のほとりに位置するボートン・オン・ザ・ウォーターは、その水辺の美しい風景から、「コッツウォルズのベニス」とも称されている。

二〇一六年の一一月下旬、三五年ぶりに、コッツウォルズを旅した。そしてバイブリーとボートン・オン・ザ・ウォーターを歩いて

感じたことは、「以前の記憶のまま。変わっていない」ということだった。

大都会ロンドンとはまるで違った、美しい田園風景に囲まれたイギリスの小さな田舎の村。イギリスを旅する人は誰もが、一度は行ってみたいと思う所なのである。

空港やホテルにおいてある観光案内パンフレットを見ると、ロンドンからコッツウォルズへの日帰りツアーもある。しかし、せっかくコッツウォルズを旅するなら「日帰り」などと言わずに、できればここに泊ることをおススメしたい。

ぼくが初めてコッツウォルズを訪れたのは、現地の旅行会社が企画した「イギリス一周キャンピングツアー」に参加してのこと。泊ったのはキャンプ場のテントだった。二度目となる二〇一六年は、中世、貴族が住んでいた大邸宅が改修されてホテルとなった「マナー・ハウス」に泊まった。そこで、〝カントリー・ジェントルマン〟気分をほんのちょっととはいえ感じることができたような気がする。

絵に描いたようなバイブリー

バイブリーは、田舎の小さな村である。

公共駐車場の道を挟んで北側に鱒《ます》の養殖場があり、その左手に、旧水車小屋が建っている。道を右手、東の方向に歩き始めると、すぐに、白鳥のいるコロン川に架かる石橋を渡る。正面の石造りの建物が、ザ・スワン・ホテルだ。ここで右折。コロン川を右に、左に石造りの家いえを眺めながら、川に沿った道、ザ・ストリートを歩く。

この美しいイングランドの田舎の道を、若い女性が馬に乗って、やってきた。リズミカルなパカパカパカパカ……という音。犬も一緒だ。

川の対岸、畑の向こうに、石造りの長屋が見えてくる。これが、バイブリーの観光案内パンフレットには必ず写真が載っているアーリントンロウ、一四世紀に建てられた織物職人の住宅であ

コルン川に架かる石橋。対岸に見えるのはザ・スワン・ホテル

絵に描いたような田舎道

14世紀の織物職人の住宅、アーリントンロウ

る。

コロン川を渡り、今も人が暮らすアーリントンロウの前を、建物を見ながらゆっくり歩き、上り坂の道を途中まで歩いてから、振り返って、村の風景を見下ろしてみる。

小さな水路に沿った道をのんびりと歩いていくと、初めに見た旧水車小屋の前の道に出た。隣の鱒の養殖場を見学してから、売店を覗《のぞ》き、絵ハガキやパンフレットの類を購入する。

ボートン・オン・ザ・ウォーターの不思議な魅力

昼食は、ボートン・オン・ザ・ウォーターに行ってから、ウインドラッシュ川に沿った水辺のレストランで、伝統的なアフタヌーンティーを楽しむことにする。

ボートン・オン・ザ・ウォーターの公共駐車場に設置してある案内絵地図を見ると、村の名前の下に「コッツウォルズのベニス」と書いてある。その絵地図をもとにおおよその位置関係を頭に入れてから、石垣に沿った路地に入り、中心部へ向かって歩いていく。

メインストリートの「ハイストリート」を渡ると、その先に、ウインドラッシュ川に架かる小さな石橋が現れる。橋を渡り、水辺のレストランで、アフタヌーンティー。ミルクティーに、店オリジナルの伝統的な素朴なビスケットを味わう。

午後の散歩は、ゆっくりと、村の中心を流れる清流ウインドラッシュ川に沿った道を歩く。ボートン・オン・ザ・ウォーターが「コッツウォルズでもっとも人気のある村」といわれるのが、な

水辺のティールームでアフタヌーンティーを楽しむ人びと

んとなくわかる気がしてくる。

この村には、大都会でふつうに見られるような刺激的なものは何もない。この一見何もないような静けさ、素朴さ、安全で平和な、水辺の小さな村の暮らしに触れることで、心の落ち着きを感じるのだろうと思う。旅に出て、こういう所を歩いていると、人は、時に哲学者になる。不思議な癒しの気分。これが、いいのだ。

この村が気に入ってしまい、二〇〇二年から六年間、この村で暮らし、その間に『ボートン・オン・ザ・ウォーター～ミステリー・オブ・ザ・モデルビレッジ～』という本を書いてしまったアメリカ人がいる。コメディを中心にハリウッドで二五年ものキャリアがあり、エミー賞を受賞したこともある脚本家デビッド・ウイマーズである。旅の途中で出会った本だ。これも、今回の旅の収穫の一つである。

ハイデルベルク ―― ドイツ

ドイツ有数の名城を擁する古都

カール・テオドール橋からハイデルベルク城を望む

芸術家に愛された街

霧が立ち込める早朝、爆音を響かせながら走る一台のオートバイ。黒革のバイクスーツに身を包んだ若い女性がネッカー川に架かるカール・テオドール橋を渡り、曲がりくねった坂道を上っていく。バイクを降りた女性は、庭を駆け抜け、アラン・ドロン演じる大学教授ダニエルのもとへ。二人がいる部屋の窓の下に見えるのは、ネッカー川に沿ったハイデルベルクの旧市街――。

二〇一九年の三月初め、ときに小雨の降る中を、ハイデルベルク城のバルコニーに立って風景を眺めていると、映画『あの胸にもういちど』のさまざまな場面が浮かんできた。

ドイツの古都ハイデルベルクは、ゲーテやショパンなど多くの芸術家が訪れ、マイヤー＝フェルスターの戯曲『アルト＝ハイデルベルク』

の舞台ともなった世界的に有名な観光地である。そしてこの街を訪れた観光客のほとんどが真っ先に向かうのは、ハイデルベルク城のバルコニー。そこからの眺めを楽しみにやってくるのだ。

一九八〇年の夏以来、ぼくにとっては久しぶりのハイデルベルクである。まずは、やはり山の上の古城、ハイデルベルク城へ。市庁舎の南にあるコルンマルクト駅からケーブルカーで一駅目のシュロス駅が城の入り口に近いのだが、冬季に当たるこの時期はケーブルカーが運休中なので、コルンマルクト広場から石段の坂道を二〇分ほど歩いて上ることになる。

ハイデルベルク城・フリードリヒ館のバルコニーから旧市街の展望を楽しむ

観光の中心はハイデルベルク城

ハイデルベルク城は、城壁と塔と庭園、それに代々の選帝侯《せんていこう》[注1]がシュロス・ホーフ（中庭）を取り囲むように建てた城館群から成っている。エリザベーテン・トーア（エリザベスの門）を左に見て、守衛のいる門をくぐり、その先の城門を通り抜けて中庭へ。

この城門を通って古城の中庭へ

（右）オットー・ハインリッヒ館の正面上部にある、オットー・ハインリッヒ像の浮き彫り
（左）22万リットルも入るという世界最大級のワインの大樽

正面に見える北側の建物が、フリードリヒ館。一六世紀末から一七世紀にかけての建築で、ドイツ・ルネサンス様式の傑作に数えられている。東側の建物が、オットー・ハインリヒ館である。この建物の正面上部に、オットー・ハインリヒ像の浮き彫りがある。西側には廃墟のような建物があるが、これは一七世紀末のプファルツ継承戦争[注2]のときにフランス軍によって破壊されたためだ。

フリードリヒ館を通り抜けると、ハイデルベルク城でもっとも人気のバルコニーに出る。ここから旧市街の展望が広がる。ゆっくり流れるネッカー川、行きかう貨物船。ネッカー川に架かる石橋がカール・テオドール橋。橋の南の聖霊教会の塔もはっきりとわかる。この風景を眺めて記念の写真を撮るために、世界中から多くの観光客がやってくるのだ。

バルコニーからの眺めを十分に楽しんだ後、フリードリヒ館の外壁に沿って地下へ降りる。そこに、二二万リットルも入るという世界最大級のワインの大樽がある。プファルツ選帝侯国はワインの名産地で、侯領から年貢として納められたワインを入れておくために、このような大きな酒樽をつくった。大樽の上は平らな舞台になっている。そこで、盛大な宴を開き、ワインを飲み、歌い、大騒ぎしたのだという。樽の右側の階段を上って舞台に立つと、樽の大きさを実感できる。左側の階段を下りると、伝説的な大酒飲みの酒蔵番人、ペルケオの像がある。その像の隣の壁に掛かっているのは仕掛け時計。人気者のペルケオは、人をびっくりさせる仕掛け時計をつくることが得意だった。

旧市街の楽しみ

ネッカー川の左岸（南側）に沿って、ハイデルベルクの旧市街は広がっている。その中央部を東西に延びるハウプト通りがメインストリート。旧市街の中で、さまざまな店が並んでいるにぎやかな通りは、この道一本だけだ。以前は路面電車も走っていた。二列の石が敷いてあるのは、線路があったことを示している。

この通りの中ほどに大学広場があり、大学校舎兼大学博物館が面している。その東側のアウグスティーナという路地には学生牢だった建物がある。治外法権だった大学内で、ルール違反の学生を入れるために大学当局がつくったもの。一九一四年まで使われていた。この牢に入ったということは、学生の間ではむしろ名誉と考えられていたらしい。

マルクト広場に面して建つ聖霊教会

聖霊教会の建つマルクト広場の南には、ハイデルベルクに現存する最古の民家、ツム・リッター・ザンクト・ゲオルクがある。一五九二年建造の建物で、ホテル・レストランとしても三〇〇年以上の歴史がある。

張出看板を見るのも楽しい。雄牛がデザインされた看板は『アルト＝ハイデルベルク』ゆかりの酒場、ツム・ローテン・オックセン（赤毛の雄牛）のもの。観光客に大人気の店だ。

旧市街のどの広場からも、南側の山の上にハイデルベルク城が眺められる。このドイツの古都は、城と旧市街が分かち難く結び付いている。

「アルト＝ハイデルベルク」ゆかりの酒場、ツム・ローテン・オックセンの張出看板

※注1　神聖ローマ帝国（旧ドイツ）のローマ王を選定する権利を持っていた有力諸侯。

注2　プファルツ選帝侯領の相続問題やイギリスの王位継承などにフランス国王ルイ一四世が介入、それに対抗して神聖ローマ帝国などが同盟軍を結成し、一六八九～九七年にかけて行われた戦争。

ローテンブルク ―― ドイツ　中世の世界がそのまま残されたドイツ有数の観光地

マルクト広場より。東側の建物群を見る

歩いて楽しむ街

ローテンブルクは、中世の通商路、ロマンチック街道と古城街道との交差点に位置する、ドイツ有数の観光地である。

中世の面影をほぼ完ぺきに残す旧市街は、六つの城門がある城壁に囲まれており、上空から見た全景は、左を向いたタツノオトシゴのような形をしている。この街の正式な名称は、ローテンブルク・オプ・デア・タウバー。「タウバー川の上にあるローテンブルク」という意味だ。

ローテンブルク駅は、旧市街を取り囲む城壁の外、東側にある。駅を出てから、左へ歩いていき、突き当りを右折。そのまま城壁の東の門、レーダー門を通って、旧市街に入る。

真っ直ぐ西へ歩いて行くと、正面にマルクス塔。その先に、街の中

西の城門、ブルク門

心、マルクト広場が現れる。マルクス塔は、一二世紀に最初の城壁ができたときの城門だ。旧市街の家並みのなかにある、高い塔のある城門で、観光客に人気の撮影ポイントである。

ローテンブルクは、歩いて楽しむ街だ。レーダー門からマルクト広場を抜けて、西の城門、ブルク門までゆっくり歩いて三〇分もかからない。旧市街を取り囲む城壁の上を歩くこともできる。

昼間だけでなく、夜もまた、おススメだ。そのためには、ぜひとも、この街に泊まりたい。

街の中心で歴史をしのぶ

マルクト広場に面して建つ壮大な建物が、市庁舎。広場の南の端に立ってこの建物を見ると、二つの部分に分かれているのがわかる。西側の高い塔のある建物は一三世紀にできたゴシック様式で、広場に面した部分は一六世紀にできたルネッサンス様式である。

広場の北側に建つ白い建物は、市議宴会館。三角形の正面の壁面に、日時計、双頭の鷲（帝国自由都市の象徴）、日・時間・分を表す時計があり、その左右に二つの窓がある。

この時計は仕掛け時計で、定時に時計横の窓が開いて、人形が姿を現す。マイスタートゥルンクの話注に由来するもので、左の窓が刀を持ったティリー将軍、右がワインジョッキを飲み干すヌッシュ市長だ。

マルクト広場の南西の端に、竜と戦う聖ゲオルグ像が飾られた泉がある。そこから西へ、ローテンブルクで一番広い通り、ヘレンガッセ（旦那衆通り）を歩く。ブルク門と街の中心マルクト広場を結ぶヘレンガッセはこの街で最初に作られた通りだ。中世の時代、この通りには市政をつかさどっていた街の有力者・旦那衆の家々が並んでいた。この通りにあるホテル・アイゼンフート（鉄冑館）も、かつての旦那衆の家だった建物である。

ブルク門は、最初の城壁が作られたとき以来の城門で、二重門になっており、ローテンブルク最大の城門である。

ブルク門を抜けると、ブルク

市議宴会館の仕掛け時計。左の窓がティリー将軍、右がヌッシュ市長

ブルク公園から望む、タウバー川に架かるドッペル橋（右手）

公園。公園の先は、崖になっていて、先端にあるテラスからの見晴らしは必見である。左の方向に見えるのは、旧市街の南の部分の城壁と家並み。眼下に広がるのは、緑豊かなドイツの田園風景。タウバー川に架かるドッペル橋（二重橋）も見える。

人口の一〇〇倍もの観光客

ローテンブルク名物のお菓子、シュネーバル

ローテンブルクには、マルクト広場を基点に、東西、南北の二本のメインストリートが走っている。観光客でにぎわうのは、マルクト広場周辺、それに、マルクト広場から南に延びるシュミートガッセ（鍛冶屋通り）。ホテルや商店、レストランが並ぶこの通りも、中世以来のメインストリートだ。

通りに突き出した、店ごとに特徴のある看板を見ながら歩くのも楽しみの一つ。ローテンブルク名物のお菓子、シュネーバルの店も、この通りにある。スノーボール（雪の玉）という意味の、丸い形をしたサクサクとした甘いお菓子で、一つ一〜二ユーロで気軽に買える。

この通りをさらに南へ歩いていくと、初めてローテンブルクを訪れた人でも「この風景は以前見たことがある……」と思うはず。ドイツ観光のガイドブックやパンフレットの類に必ず載っている、木組みの家と塔のある風景。プレーンラインである。

日が落ちて、路上もカフェに早変わり……

昼間、ここには、記念写真を撮る多くの観光客の姿がある。しかし、ここがもっとも美しいのは、日没後の、人がいない静かなときである。ライトアップされた家並み、入口に照明光が灯る店、そして影が織りなす中世の世界に迷い込む、静かなときがいい。

プレーンラインの先に見える城門が、南の城門・シュピタール門。ここから、城壁に上り、反時計回りに、城壁の上を歩く。すると、街の風景がまた違った角度から楽しめる。

ローテンブルクの最大の魅力は、旅をする人が心に思い描く中世の街の風景がそのままに見られることにある。

実は、ほぼ完全なまでに保存されたこの街並みは、第二次世界大戦で四〇％破壊されたものを、元通りに再建したものなのだ。今、その努力の成果が、現在の人口およそ一万一〇〇〇人のこの街に、年間一二〇万人もの観光客がやってくることに表れている。観光が最大の産業となって、この街の人々の生活を支えているのである。

※注　一七世紀前半に起こった宗教戦争（三十年戦争）のとき、プロテスタント側のローテンブルクはティイリー将軍率いるカトリック軍に占拠される。ティイリー将軍は、三・二五リットルもの大ジョッ

キでワインを一気に飲み干す者がいれば街を焼き払わないでおこうと高言、これに応じた「マイスタートゥルンク」ことヌッシュ市長がみごと成功し、街を焼失の危機から救ったという故事。

博物館の正面入り口

キヒヌ島 ── エストニア

ユニークな伝統的生活文化を持つ〝生きた博物館〟

バルト海に浮かぶ小さな島

八月三一日（土）午前八時三〇分にエストニアのムナライド港を出発したフェリーは、午前九時二九分、キヒヌ島に到着した。ぼくが同行講師として参加する、とある旅行会社主催の「秋山ツアー」で、バルト三国（リトアニア、ラトビア、エストニア）を巡るのも今回で三度目。二〇一九年のツアーの目玉は、〝エストニア人の心の故郷〟とも〝生きた博物館〟ともいわれるキヒヌ島を訪れることだった。

キヒヌ島の面積は、一六・四㎢。バルト海のリガ湾に浮かぶ小さな島だ。男は漁師として海に出る。女は縦縞模様の伝統的な手作りのスカート「クルト」を履いて島での暮らしを守っている。

この島には、エストニア本土ではすでに失われてしまった伝統的な生活文化が残っており、「キヒヌ島の文化的空間」として二〇〇八年にユネスコの世界無形文化遺産に登録された。

この日のバルト海は、穏やかで、キヒヌ島へ向かうフェリーの旅は快適だった。船内の売店で、キヒヌ島の地図を購入（一・五ユーロ）。島の全体像を把握してから、訪れる予定の、島の中央部にある博物館と教会、それに最南端にある灯台などの位置を確認する。その後、フェリー先頭のデッキに立って、風を感じながらバルト海の船の旅を楽しんだ。

キヒヌ島の港に着く。まず自転車、続いて車がフェリーの先端から下船。その後、船客が下船する。「秋山ツアー」のメンバーは、この島で生まれ、この島で暮らす元教師の英語ガイド、マーレさんの出迎えを受ける。

トラックの荷台から見る素朴な風景

港のそばに、キヒヌ島で唯一のガソリンスタンドがある。パトカーが一台駐車している派出所もある。しかし、この島には警察官は常駐していない。事件が発生したときのみ、本土からやってくるのだ。

バスやタクシーなどの交通機関もない。観光客はフェリーに乗せてきた自分の車や自転車で移動するか、歩く。レンタサイクルはある。ぼくらのような団体のツアー客は、事前に手配済みのトラックの荷台に造られた、コの字型になったベンチ状の座席に腰掛けて、移動する。

荷台に二〇人ほどが乗って、出発。島の案内板の前でいったんストップし、島の地図を見ながら、マーレさんの説明を聞く。

島は南北七km、東西三・三km。「四つの村を回って島を一周すると、一六km。六〇〇人ほどの人びとがこの島で暮らしている」とのこと。

ムナライド港からキヒヌ島までのフェリーは、日に四便。「四年前にフェリーが新しくなってから、観光客が増えている」と言う。そこで、この島を訪れる観光客の人数を尋ねると、「年間二万人ぐらい」と答えてくれた。「一番多いのはエストニア人、二番目はドイツ人」、そして三番目は「日本人」なのだそうだ。

マーレさんのご自宅

第２次世界大戦のときに使われていたサイドカー。マーレさんの愛車

トラックが最初に向かったのは、北部のサーレ地区。ここは、冬場、凍結して、離島と行き来できるアイスロードができる。また、冬場や急患輸送に使われ

キフヌ島の中心にある教会

干し草が山のように積み上げられている

る飛行場がある。

次に向かったのは、島の中心に位置する博物館と聖ニコライ教会だ。民家が点在する島の道を行く。自転車で島を巡る観光客、観光客を乗せて走るトラクター。山のように積み上げられた、道端の干し草。座席は快適とは言えないが、こんな体験はめったにできるものではない。

おしゃれな伝統的衣装

道を挟んで、博物館と教会が向かい合って建っている。博物館の外壁には、子どもたちが民族衣装を着たカラフルな絵が描かれている。この博物館は、元小学校だった建物だ。展示資料の中に、小学校だったときに入口の階段のところで撮った記念写真もあった。ここには、キヒヌ島の伝統的な暮らしのすべてが展示してある。

結婚式の様子を写した写真を見た後、衣装ケースの説明を聞く。「結婚した女性がエプロンをつける」と言うマーレさんも、縦縞模様の伝統的なスカートの上に、華やかなエプロン姿。これが、おしゃれだ。「私はスカートを四〇枚、エプロンは一〇〇枚以上持っています」

島の南端に灯台がある。螺旋《らせん》階段を歩いて上り、展望台からの眺めを楽しんだ。

フィッシュスープに、鯖のパテ。島のカフェでの昼食の後、マーレさんのご自宅を見学する。居間、台所……。伝統的な様式で建てられた家屋で、別棟にはサウナもある。庭のリンゴの木には、小さな実がたくさん生《な》っていた。

キフヌ島の伝統的な食事

夏の間に島にやってくる観光客相手に島民が小さな店を出す

レムシー地区の売店に、アザラシの肉の缶詰が売っていた。七ユーロ。手作りの作品を展示販売する小さな店の前で編み物をする女性も、伝統的なスカートの上にエプロン姿だ。

キヒヌ島を午後四時一五分に出発するフェリーに乗った。この日の宿は、前日も泊まったエストニアの夏のリゾートタウン、パルヌのホテル。昨夜のパルヌの街は、ロック、ジャズなどの音楽イベントで大賑わいだったことを思い出す。

近年、バルト三国、特にエストニアへの旅の注目度が増している。日本でも、バルト三国へのツアーを実施する旅行社の新聞広告をしばしば目にするようになった。現在、キヒヌ島には民宿はあるが、ホテルはない。だが、静かで心安らぐこの〝生きた博物館〟に、遠からず観光の波が訪れるものと思われる。

あとがき

『マネジメントスクエア』（ちばぎん総合研究所発行）に掲載された「旅の達人が見た　世界観光事情」のなかから本になるのは、『世界、この魅力ある街・人・自然』（八千代出版）、『ヨーロッパ観光事情　まち歩きの楽しみ』（新典社）に続いて、この本が三冊目である。
ここに収められた三五の旅の話、それぞれの掲載年月は、以下のとおりである。

［掲載年月一覧］

上海（中国）	二〇一八年三月号
厦門・コロンス島（中国）	二〇一七年一〇月号
福建土楼（中国）	二〇一八年一一月号
貴州省（中国）	二〇一六年一二月号
キャメロン・ハイランド（マレーシア）	二〇一七年八月号
ヒヴァ（ウズベキスタン）	二〇一九年六月号
サンクトペテルブルク（ロシア）	二〇一九年九月号
カイロ（エジプト）	二〇一七年一二月号

モロッコ王国　二〇一七年三月号
ビクトリアの滝（ジンバブエ、ザンビア国境）　二〇一八年八月号
ケベック・シティ（カナダ）　二〇一九年一月号
ナイアガラ・フォールズ（カナダ、アメリカ国境）　二〇一九年七月号
サンフランシスコ（アメリカ）　二〇一八年五月号
グランド・キャニオン（アメリカ）　二〇一七年六月号
ホノルル（ハワイ）　二〇一九年四月号
メキシコ・シティ（メキシコ）　二〇一八年九月号
ニューカレドニア　二〇一八年一二月号
シドニー（オーストラリア）　二〇一七年一一月号
イスタンブール（トルコ）　二〇一八年七月号
プロヴディフ（ブルガリア）　二〇一九年八月号
トランシルヴァニア地方（ルーマニア）　二〇一九年一〇月号
カプリ島（イタリア）　二〇一八年一〇月号
ヴァレッタ（マルタ共和国）　二〇一八年四月号
アルル（フランス）　二〇一八年六月号
モン・サン・ミッシェル（フランス）　二〇一七年四月号

オンフルール（フランス）　二〇一八年一月号
バルセロナ（スペイン）　二〇一七年一月号
サンティアゴ・デ・コンポステーラ（スペイン）　二〇一九年三月号
アルハンブラ宮殿（スペイン）　二〇一七年五月号
ポルト（ポルトガル）　二〇一九年二月号
ストラトフォード・アポン・エイボン（イギリス）　二〇一八年二月号
コッツウォルズ地方（イギリス）　二〇一七年二月号
ハイデルベルク（ドイツ）　二〇一九年五月号
ローテンブルク（ドイツ）　二〇一七年九月号
キヒヌ島（エストニア）　二〇一九年一一月号

この本の出版にあたって、新典社の社長・岡元学実さん、編集部・小松由紀子さんに大変にお世話になった。また、月刊『マネジメントスクエア』の編集担当の皆さんにも大変にお世話になった。心から御礼申し上げる次第である。

二〇二〇年五月

秋　山　秀　一

Photo：A. Izumi

秋山　秀一（あきやま　しゅういち）
1950（昭和25）年、江戸川区生まれ。鎌ケ谷市在住。東京教育大学（現筑波大学）大学院修了。
旅行作家、元東京成徳大学教授、NHK文化センター講師。日本旅行作家協会顧問理事、日本エッセイスト・クラブ理事、日本外国特派員協会会員。
海外への旅213回、訪れた国と地域90カ所。2009年4月から3年間、NHKラジオ第１放送、つながるラジオ金曜旅倶楽部「旅に出ようよ」に旅のプレゼンターとしてレギュラー出演。「世界旅レポート」（ノースウエスト航空機内誌）、「旅の達人が見た　世界観光事情」（マネジメントスクエア）、「アラン・ドロンとともに　秋山秀一のロケ地探訪」（おとなのデジタルTVナビ）、「世界の道」（道路建設）など、各種雑誌に執筆、連載。著書に『ヨーロッパ観光事情　まち歩きの楽しみ』（新典社）、『大人のまち歩き』（新典社）、『鎌ケ谷　まち歩きの楽しみ』（新典社）、『世界、この魅力ある街・人・自然』（八千代出版）、『フィールドワークのススメ　アジア観光・文化の旅』（学文社）、『ウクライナとモルドバ』（芦書房）などがある。You Tube で、「旅行作家　秋山秀一の世界旅」配信中。

世界観光事情 まち歩きの楽しみ

2020 年 9 月 1 日　初刷発行

著　者　秋山秀一
発行者　岡元学実

発行所　株式会社　新典社

〒101－0051　東京都千代田区神田神保町1－44－11
営業部　03－3233－8051　編集部　03－3233－8052
ＦＡＸ　03－3233－8053　振　替　00170－0－26932

印刷所 惠友印刷㈱　製本所 牧製本印刷㈱

ISBN978-4-7879-7865-3 C1026
https://shintensha.co.jp/
E-Mail:info@shintensha.co.jp